近藤健児 ── ◎ 著

ファーストステップ
経済数学

創 成 社

はじめに

PREFACE

　数学が全く不得意だからといって，経済学が学べないわけではない。経済学部は文科系の学部のため，現にたいていの私立大学の入試なら数学を選択しなくても突破できるわけで，そもそも学生を受け入れる大学側が必ずしも数学の力を要求していないように見える。ところが大学に入ると「ミクロ経済学入門」などの科目は必修だったりする。文字やグラフがたくさん出てきて，おまけに計算問題まで課されることがしばしばである。このギャップに苦しむ新入生はどこの大学でも毎年少なくないように思う。

　近代経済学の理論を学ぶ際に，数学の知識は確かに役に立つ。経済学を学ぶ者にとって数学は道具であり，それが使えるのと使えないのとでは，学んだことのクリアーな見え方が，素手で山を切り開くのとショベルカーを使うのとくらいに違う。数学からとことん逃げまくって，卒業単位をそろえることもおそらく不可能ではないはずであるが，それでは高い授業料を払っているのにもったいなくはないか。せっかく大学に来たのだ。この機会に経済学を「きちんと」勉強しようではないか。

　経済数学の入門書はたくさんすでに出ており，優れた数理経済学者の執筆したものは大変すばらしいものが多い。しかし残念ながら，そこで対象となっている読者は，上記のようなギャップに悩む，中堅の私立大学学生たちではないように思う。そもそも入門といいながら1ページ目からして学生からは難しく見える本が少なくないし，実際分厚い書籍の後半は研究者志望の大学院進学者くらいしか必要でないと思われる難しい内容が盛り込まれていたりする。もちろん他方でやさしさ，わかりやすさを売りにしたテキストもあるが，逆に今度は学生に迎合しすぎて書くべきことが書かれていないことがしばしばである。

　この本は，高校必修科目の「数学Ⅰ」のみ既習の学生でも抵抗なく学びはじめられるように2次関数から書き起こし，しかもその記述は高校用教科書を参

考にした．本書の目標は，地方Ⅰ種公務員試験などでも課されることが多くなってきている，微分法を用いた計算問題が解けるようになることである．したがってより高水準の内容や，目的範囲外の内容（たとえば自然対数や行列の対角化，積分法など）はすべて外したし，本来ならあるべき厳密な証明も本書の趣旨から省略した個所がある．ミクロ経済学の基本は与えられた条件の下での最適化行動であるので，ここでは数学を学ぶとともに，それに関係した経済学への応用計算問題になるべく多く取り組むように編集した．また，学生に最良のものを提供すべく，巻末に掲げた文献などを参考に執筆させていただいた．深謝申し上げる次第である．

　数学，数理経済学を専門としない筆者があえてこうした本を書いたのは，第1に数学に悩み経済学を嫌いになる学生を少しでも減らしたいと考えたためである．それとともに1年生対象の経済数学の入門書にふさわしいものが必要という，教育側の需要にも応えられたらと考えている．独習書ではなくあくまで講義用テキストとして編集したので，練習問題の解答などは詳述することを避けた．この本で講義を受けた学生は，自力で問題に取り組み，不明な点は先生に質問するという，当たり前のことを惜しまずにしていただきたいと思う．本文をざっと読んでわかったつもりになっていても実力は養われない．

　繰り返すが経済学を「きちんと」学ぼうとする学生諸君の意欲と努力に期待する．本書がその一助にならんことを願う．

　本書を出版するにあたり，創成社の西田　徹氏には大変お世話になりました．ここに深く御礼申し上げます．

記録的暖冬の 2007 年 2 月に

近藤健児

目 次

CONTENTS

はじめに

第1章 関 数 ——————————————— 1

[1] 関　数 ··· 1
[2] $y = ax^2$ のグラフの移動 ······································ 1
[3] $y = ax^2 + bx + c$ のグラフ ······························· 5
[4] 2次関数の最大・最小 ··· 7
[5] 条件つき最大・最小 ·· 9
[6] 指数法則 ·· 10

第2章 微分法 ——————————————— 17

[1] 瞬間の速さと極限値 ··· 17
[2] 微分係数 ·· 18
[3] 導関数 ··· 20
[4] 接線の傾き ·· 22
[5] 関数の増減と極大・極小 ·································· 23
[6] 第2次導関数 ··· 26
[7] 曲線の凹凸と関数のグラフ ······························ 27
[8] さまざまな導関数の計算 ·································· 28
[9] 合成関数の微分法 ··· 31
[10] 逆関数の微分法 ··· 33
[11] 媒介変数で表示された関数の微分法 ················ 35
[12] 2変数関数と偏微分・全微分 ··························· 36

第3章　経済学への応用1 ──── 42

[1] 需要の価格弾力性 ……………………………… 42
[2] 生産関数 ………………………………………… 43
[3] 代替の弾力性 …………………………………… 52
[4] 費用関数 ………………………………………… 55

第4章　行　列 ──── 66

[1] 行列の意味 ……………………………………… 66
[2] 行列の加法・減法と実数倍 …………………… 68
[3] 行列の乗法 ……………………………………… 71
[4] 行列の乗法の性質 ……………………………… 73
[5] 逆行列 …………………………………………… 75
[6] 連立1次方程式と行列 ………………………… 77
[7] 消去法による連立1次方程式の解法 ………… 79
[8] 転置行列 ………………………………………… 81
[9] 行列式の発展学習 ……………………………… 82
[10] 逆行列の発展学習 …………………………… 87

第5章　経済学への応用2 ──── 91

[1] 産業連関分析 …………………………………… 91
[2] IS-LM分析 …………………………………… 93
[3] 比較静学分析 …………………………………… 97

第6章　最適化問題 ──── 100

[1] 2変数関数の極値 ……………………………… 100
[2] 等号制約条件つき最適化問題 ………………… 104
[3] 不等号制約条件つき最適化問題 ……………… 108

第 7 章　経済学への応用 3 ── 112
　　［1］需要関数の導出………………………………………… 112
　　［2］企業の最適行動………………………………………… 113

練習問題解答　119
参考文献　129
索　　引　131

第 1 章
関　数

［1］関　数

　2つの変数 x, y があって, x の1つの値に対応して y の値が1つ決まるとき, y は x の関数であるといい,

$$y = f(x)$$

などの記号で表す。

　x の1次式で表される $y = ax + b$ を, x の**1次関数**という。
　x の2次式で表される $y = ax^2 + bx + c$ $(a \neq 0)$ を, x の**2次関数**という。
　また, 関数 $y = f(x)$ において, x の値が a のとき, それに対応する y の値を $f(a)$ で表し, これを $x = a$ における**関数の値**という。

［2］$y = ax^2$ のグラフの移動

（1）$y = ax^2$ のグラフ

　2次関数

$$y = ax^2$$

において, a のいろいろな値, たとえば $\frac{1}{2}$, 1, 2 および $-\frac{1}{2}$, -1, -2 についてグラフを描くと, 図1－1のように y 軸を対称軸とする左右対称な曲線となる。

　このような曲線を**放物線**といい,

　　$a > 0$ のとき, 下に凸
　　$a < 0$ のとき, 上に凸

図1−1

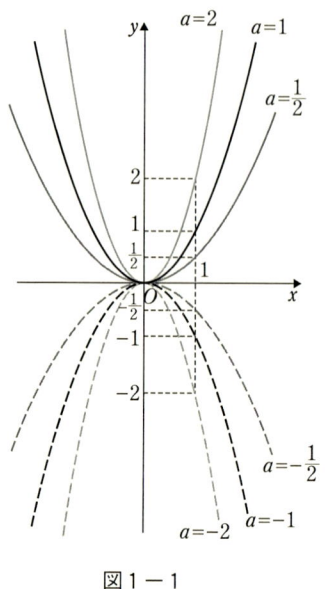

であるという。

　放物線の対称軸を，単に，放物線の**軸**といい，放物線とその軸との交点を放物線の**頂点**という。

　$y = ax^2$ のグラフは，y 軸を軸とし，原点を頂点とする放物線である。

　一般に，2次関数 $y = ax^2$ のグラフは $y = x^2$ のグラフを y 軸方向に a 倍したものである。

　また，$y = ax^2$ のグラフと $y = -ax^2$ のグラフは，x 軸に関して対称である。

（2）$y = ax^2 + q$ のグラフ

　次の2つの2次関数のグラフの関係について調べてみよう。

$$y = x^2 \qquad (1-1)$$
$$y = x^2 + 1 \qquad (1-2)$$

x の同じ値に対応する，（1−2）式の y の値の方が，（1−1）式の y の値よ

り常に 1 だけ大きい。

したがって，(1−2) 式のグラフは，(1−1) 式のグラフを y 軸方向に 1 だけ平行移動したもので，y 軸を軸とし，点 $(0, 1)$ を頂点とする放物線である。

一般に，$y = ax^2 + q$ のグラフは $y = ax^2$ のグラフを y 軸方向に q だけ平行移動したもので，y 軸を軸とし，点 $(0, q)$ を頂点とする放物線である。

問題 1 次の 2 次関数のグラフを書きなさい。
(1) $y = 2x^2 + 4$
(2) $y = -x^2 - 2$

(3) $y = a(x-p)^2$ のグラフ

次の 2 つの関数のグラフの関係について調べてみよう。

$$y = x^2 \qquad (1-3)$$
$$y = (x-1)^2 \qquad (1-4)$$

$x = -3, -2, -1, 0, 1, 2, 3$ に対応する，(1−3) 式の y の値は 9, 4, 1, 0, 1, 4, 9 であり，(1−4) 式の y の値は 16, 9, 4, 1, 0, 1, 4 である。

x の任意の値 t に対応する (1−3) 式の y の値と，$t+1$ に対応する (1−4) 式の y の値とは，常に等しくなることがわかる。

したがって，(1−4) 式のグラフは図 1−2 のように，(1−3) 式のグラフを x 軸方向に 1 だけ平行移動したもので，直線 $x = 1$ を軸とし，点 $(1, 0)$ を頂点とする放物線である。

一般に，2 次関数 $y = a(x-p)^2$ のグラフは，$y = ax^2$ のグラフを x 軸方向に p だけ平行移動した放物線で，軸の方程式は $x = p$，頂点の座標は $(p, 0)$ である。

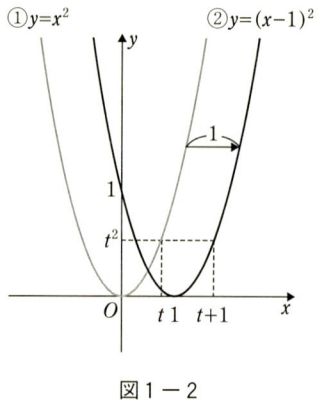

①$y=x^2$ ②$y=(x-1)^2$

図 1 － 2

問題 2 次の 2 次関数のグラフを書きなさい。
(1) $y = -(x-3)^2$
(2) $y = 2(x+2)^2$

（4）$y = a(x-p)^2 + q$ のグラフ

これまでのことからわかるように，$y = a(x-p)^2 + q$ のグラフは，$y = ax^2$ のグラフを x 軸方向に p，y 軸方向に q だけ平行移動した放物線で，軸の方程式は $x = p$，頂点の座標は (p, q) である。

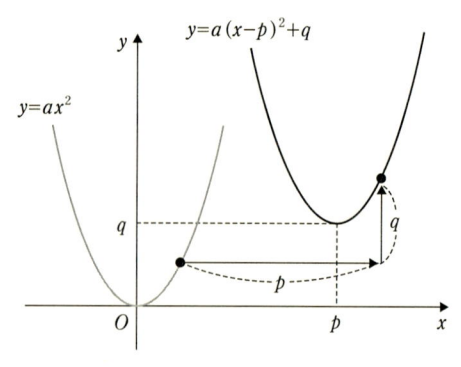

図 1 － 3

問題 3　次の2次関数のグラフを書きなさい。

(1) $y = (x-1)^2 - 4$

(2) $y = -2(x+1)^2 + 3$

(3) $y = -2(x-\frac{1}{2})^2 + \frac{3}{2}$

[3] $y = ax^2 + bx + c$ のグラフ

2次関数が

$$y = ax^2 + bx + c$$

の形で与えられているときには，この式を $y = a(x-p)^2 + q$ の形に変形してグラフを描くことができる。

例
$$y = 2x^2 + 4x + 1$$
$$= 2(x^2 + 2x) + 1$$
$$= 2(x^2 + 2x + 1 - 1) + 1$$
$$= 2(x+1)^2 - 2 + 1$$
$$= 2(x+1)^2 - 1$$

問題 4　次の2次関数を $y = a(x-p)^2 + q$ の形に変形し，グラフを書きなさい。

(1) $y = x^2 - 4x + 3$

(2) $y = -x^2 + 3x - 1$

(3) $y = 2x^2 + 4x + 3$

(4) $y = -\frac{1}{2}x^2 - x$

2次関数の一般形 $y = ax^2 + bx + c$ を $y = a(x-p)^2 + q$ の形に変形し，そのグラフを考えてみよう。

$y = ax^2 + bx + c$ は，次のように変形される。

$$y = a\left(x^2 + \frac{b}{a}x\right) + c$$
$$= a\left\{x^2 + \frac{b}{a}x + \left(\frac{b}{2a}\right)^2 - \left(\frac{b}{2a}\right)^2\right\} + c$$
$$= a\left(x + \frac{b}{2a}\right)^2 - \frac{b^2 - 4ac}{4a}$$

ここで，$p = -\dfrac{b}{2a}$，$q = -\dfrac{b^2 - 4ac}{4a}$ とおくと，$y = ax^2 + bx + c$ は

$$y = a(x-p)^2 + q$$

となる。したがって，次のことがいえる。

2次関数 $y = ax^2 + bx + c$ のグラフは，$y = ax^2$ のグラフを平行移動した放物線で，軸の方程式は $x = -\dfrac{b}{2a}$，頂点の座標は $\left(-\dfrac{b}{2a},\ -\dfrac{b^2 - 4ac}{4a}\right)$ である。

問題 5 放物線 $y = x^2 + 2x - 2$ をどのように平行移動すると，放物線 $y = x^2 - 6x + 11$ に重なるか。

問題 6 放物線 $y = 2x^2$ を平行移動した曲線で，2点 $(1, -1)$，$(2, 0)$ を通る放物線の方程式を求めなさい。

問題 7 2つの放物線 $y = 2x^2 + 4x$，$y = x^2 + ax + b$ の頂点が一致するように，定数 a，b の値を定めなさい。

［4］2次関数の最大・最小

グラフを利用すれば，関数の値の変化がわかりやすい。ここでは，2次関数の値の変化を，グラフを用いて考えてみよう。

たとえば，2次関数 $y = x^2 - 4x + 1$ は $y = (x-2)^2 - 3$ と変形できるから，グラフは点 $(2, -3)$ を頂点とする，下に凸の放物線である。

図1－4のグラフからわかるように，この関数では，x の値が増加するとき，y の値は，$x < 2$ の範囲では減少し，$x > 2$ の範囲では増加する。そして，$x = 2$ のとき，y は最小値 -3 をとる。また，y はいくらでも大きな値をとるから，最大値はない。

一般に，2次関数 $y = ax^2 + bx + c$ は $y = a(x-p)^2 + q$ の形に変形でき，最大値・最小値は次のようになる。

 $a > 0$ ならば，$x = p$ のとき，最小値 q をとり，最大値はない。
 $a < 0$ ならば，$x = p$ のとき，最大値 q をとり，最小値はない。

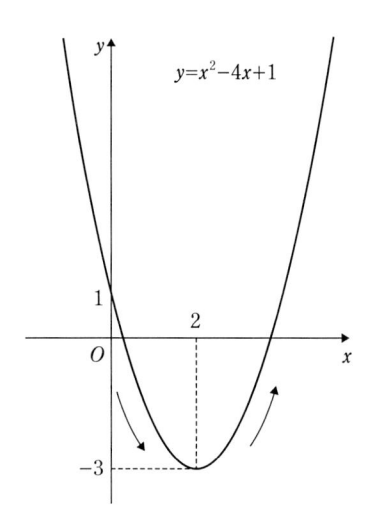

図1－4

問題 8　次の 2 次関数の最大値または最小値を求めなさい。また，そのときの x の値を求めなさい。

(1) $y = 2x^2 + 12x$

(2) $y = -x^2 + 2x + 3$

(3) $y = -2(x-2)(x+4)$

(4) $y = \dfrac{1}{2}x^2 + \dfrac{2}{3}x - 1$

次に，**定義域**（x のとり得る値の範囲）が，ある範囲に制限された場合の 2 次関数の最大値・最小値について考えてみよう。

例　関数 $y = x^2 - 2x + 2$（$-1 \leq x \leq 2$）の最大値・最小値があれば，それを求めよ。

＜解答＞　$y = (x-1)^2 + 1$ と書けるから，そのグラフは図 1－5 のように，頂点が $(1, 1)$ で，下に凸の放物線のうち，実線で表された部分である。$x = -1$ のとき $y = 5$，$x = 2$ のとき $y = 2$ であることに注意すれば，$x = -1$ で最大値 5，$x = 1$ で最小値 1 をとることがわかる。

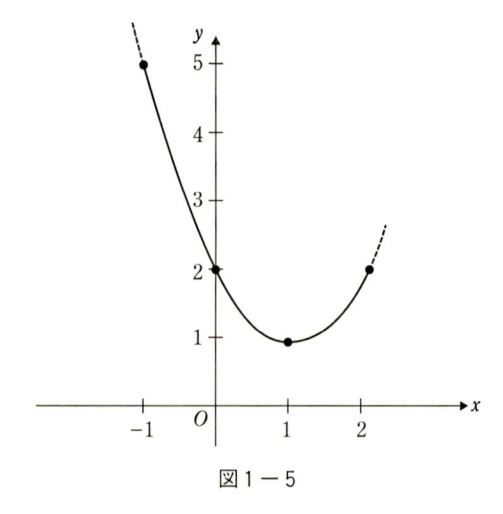

図 1－5

問題 9 次の関数に最大値・最小値があればそれを求めなさい。

(1) $y = 3x^2 - 4$ $(-2 \leqq x \leqq 2)$

(2) $y = 2x^2 - 4x + 3$ $(x \geqq 2)$

(3) $y = x^2 - 4x + 2$ $(-2 < x \leqq 4)$

(4) $y = -x^2 - 6x + 1$ $(0 \leqq x < 2)$

問題 10 関数 $y = -x^2 + 6x + c$ $(1 \leqq x \leqq 4)$ の最小値が 1 となるように，定数 c の値を定めなさい。また，そのときの最大値を求めなさい。

[5] 条件つき最大・最小

例 $x - 2y = 3$ のとき，$x^2 + y^2$ の最小値を求めよ。

<解答> $x - 2y = 3$ から，$x = 2y + 3$。よって，
$$x^2 + y^2 = (2y+3)^2 + y^2 = 5y^2 + 12y + 9 = 5(y + \frac{6}{5})^2 + \frac{9}{5}$$ となる。
ゆえに，$y = -\frac{6}{5}$ で $x^2 + y^2$ は最小値 $\frac{9}{5}$ をとる。このとき $x = \frac{3}{5}$。

問題 11 $x + 2y = 3$ のとき，$x^2 + 2y^2$ の最小値を求めなさい。

問題 12 $2x + y = 10$ $(1 \leqq x \leqq 5)$ のとき，xy の最大値および最小値を求めなさい。

問題 13 $x^2 + 2y^2 = 1$ のとき，$2x + 3y^2$ の最大値と最小値を求めなさい。

[6] 指数法則

(1) 累乗根

$a = a^1$, $a \times a = a^2$, $a \times a \times a = a^3$, …のように，$a$ を n 個掛けたものを a の **n 乗**といい，a^n で表す。n を a^n の **指数**という。

とくに，a の 2 乗 a^2 を a の平方，a の 3 乗 a^3 を a の立方ともいう。a, a^2, a^3 …をまとめて，a の累乗という。

指数が正の整数のとき，累乗の計算には次の指数法則が成り立つ。

指数法則

m, n が正の整数のとき，

Ⅰ　$a^m \times a^n = a^{m+n}$

Ⅱ　$(a^m)^n = a^{mn}$

Ⅲ　$(ab)^n = a^n b^n$

問題 14　次の計算をしなさい。

(1) $(-3a) \times (a^3)^2$

(2) $(2ab^2) \times (a^2 b)^2$

(3) $(-a)^2 (-2a)^3$

(4) $(ab)^3 (-ab)^2 (-b)^3$

---

2 乗して a になる数を a の **2 乗根**または平方根，3 乗して a になる数を a の **3 乗根**または立方根という。

一般に，n 乗して a になる数，すなわち $x^n = a$ となる x を a の **n 乗根**という。

a の 2 乗根，3 乗根，…，n 乗根をまとめて a の **累乗根**という。

ここでは，a の n 乗根のうち，実数のものだけについて考えることにする。

問題 15 次の累乗根を求めなさい。
(1) -27 の 3 乗根
(2) 125 の 3 乗根
(3) 81 の 4 乗根

一般に，実数の範囲で考えると，a の n 乗根は $y = x^n$ のグラフ上の点で $y = a$ となるときの x の値であるから，次のことがいえる。

(a) n が奇数のとき

関数 $y = x^n$ のグラフは，図 1－6 のように，原点に対して対称である（このような関数を**奇関数**という）。したがって，任意の実数 a に対して，a の n 乗根はただ 1 つである。これを $\sqrt[n]{a}$ で表す。

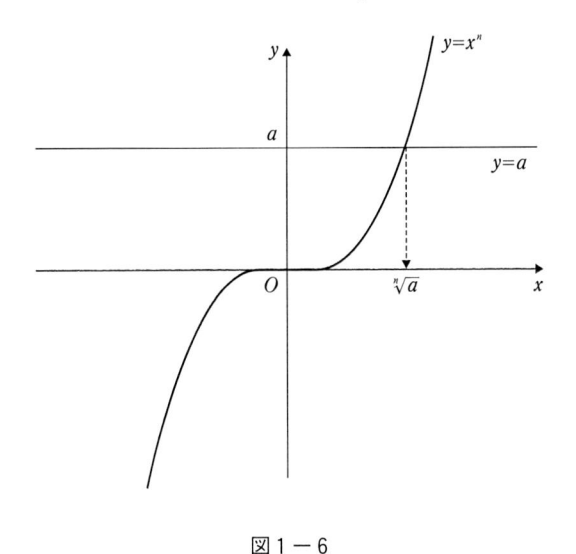

図 1－6

(b) n が偶数のとき

関数 $y = x^n$ のグラフは，図 1－7 のように，y 軸に対して対称である（このような関数を**偶関数**という）。したがって，$a > 0$ のとき，a の n 乗根

は正と負の2つある。そのうち，正の方を $\sqrt[n]{a}$ で表す。このとき，負の方は $-\sqrt[n]{a}$ と表される。$a<0$ のとき，a の n 乗根は存在しない。

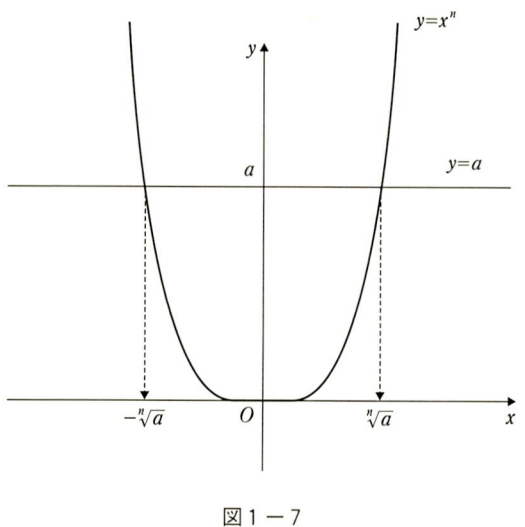

図1-7

記号 $\sqrt[n]{}$ を根号という。とくに，$\sqrt[2]{}$ は単に $\sqrt{}$ と表す。なお，n が奇数，偶数のいずれであっても $\sqrt[n]{0}=0$ とする。

問題 16 次の値を求めなさい。

(1) $\sqrt[5]{243}$

(2) $\sqrt[3]{-125}$

(3) $\sqrt[6]{64}$

(4) $-\sqrt[4]{0.0625}$

$a>0$ で，n が正の整数のとき，$\sqrt[n]{a}$ は a のただ1つの正の n 乗根であるから，

$$(\sqrt[n]{a})^n = a, \quad \sqrt[n]{a} > 0$$

が成り立つ。

また累乗根については次の性質がある。

> **累乗根の性質**
> $a>0$, $b>0$ で, m, n が正の整数のとき,
> Ⅰ $\sqrt[n]{a}\sqrt[n]{b}=\sqrt[n]{ab}$
> Ⅱ $\dfrac{\sqrt[n]{a}}{\sqrt[n]{b}}=\sqrt[n]{\dfrac{a}{b}}$
> Ⅲ $(\sqrt[n]{a})^m=\sqrt[n]{a^m}$
> Ⅳ $\sqrt[m]{\sqrt[n]{a}}=\sqrt[mn]{a}$

Ⅰは次のようにして証明できる。

左辺を n 乗すれば, $(\sqrt[n]{a}\sqrt[n]{b})^n=(\sqrt[n]{a})^n(\sqrt[n]{b})^n=ab$。一方, $\sqrt[n]{a}>0$, $\sqrt[n]{b}>0$ であるから, $\sqrt[n]{a}\sqrt[n]{b}>0$。したがって, $\sqrt[n]{a}\sqrt[n]{b}$ は ab の n 乗根のうち, 正の方である。ゆえに, $\sqrt[n]{a}\sqrt[n]{b}=\sqrt[n]{ab}$ である。

Ⅲは次のようにして証明できる。

左辺を n 乗すれば, $\{(\sqrt[n]{a})^m\}^n=(\sqrt[n]{a})^{mn}=\{(\sqrt[n]{a})^n\}^m=a^m$。一方, $(\sqrt[n]{a})^m>0$ である。したがって, $(\sqrt[n]{a})^m$ は a^m の n 乗根のうち, 正の方である。ゆえに, $(\sqrt[n]{a})^m=\sqrt[n]{a^m}$ である。

問題 17 次の式を簡単にしなさい。
(1) $\sqrt[3]{3}\sqrt[3]{9}$
(2) $\dfrac{\sqrt[4]{32}}{\sqrt[4]{2}}$
(3) $(\sqrt[5]{8})^3$
(4) $\sqrt[3]{\sqrt{64}}$

（2）指数の拡張

指数法則のIが $m=0$ のときにも成り立つとすれば，$a^0 a^n = a^{0+n} = a^n$ であるから，

$$a^0 = \frac{a^n}{a^n} = 1 \tag{1-5}$$

となる。

また，指数法則のIが $m=-n$ のときにも成り立つとすれば，$a^{-n} a^n = a^{-n+n} = a^0 = 1$ であるから，

$$a^{-n} = \frac{1}{a^n} \tag{1-6}$$

となる。

以上のことから，指数が0や負の整数の場合の指数の意味を，（1-5），（1-6）式のように定めよう。一般に，指数が0や負の整数の場合にも，指数法則I-Ⅲが成り立つ。

0や負の整数を用いると，$a^m \div a^n = a^m \times \frac{1}{a^n} = a^m \times a^{-n}$ と考えられるから，指数法則Iにより，

$$a^m \div a^n = a^{m-n}$$

と表すことができる。

問題 18 次の値を求めなさい。
(1) 3^0
(2) 3^{-2}
(3) $\left(\frac{2}{3}\right)^{-2}$
(4) $2 \div (2^3)^{-2}$
(5) $(5^3)^{-2} \div 5^{-4} \times 5^2$

第 1 章　関　数　15

問題 19　次の式を簡単にしなさい。

(1) $a^{-5}a^3$

(2) $(a^{-2})^{-3}$

(3) $a^2(a^{-1}b^2)^2$

(4) $a^{-3} \div a^{-5}$

(5) $(-a^2)(-a)^3(-a)^{-5}$

(6) $(a^3b^{-2})^{-1} \div (a^{-2}b^2)$

(7) $(2ab^{-2})(-3a^2b)^2$

$a>0$ で，m または n が分数のときにも指数法則 II が成り立つとし，p を正の整数，q を整数として，$m=\dfrac{q}{p}$，$n=p$ とおくと，$(a^{\frac{q}{p}})^p = a^{\frac{q}{p} \times p} = a^q$ となる。したがって，

$$a^{\frac{q}{p}} = \sqrt[p]{a^q} \qquad (1-7)$$

となる。そこで，分数の指数の意味を（1－7）式のように定めることにする。

一般に，指数が有理数のときにも，指数法則はそのままの形で成り立つ。

問題 20　次の値を求めなさい。

(1) $25^{\frac{3}{2}}$

(2) $27^{-\frac{2}{3}}$

(3) $(3^{-2})^{1.5}$

(4) $9^{\frac{1}{3}} \times 81^{-\frac{2}{3}}$

(5) $\left(\dfrac{1}{2}\right)^{-\frac{3}{4}} \div \left(\dfrac{1}{2}\right)^{\frac{1}{4}}$

問題 21　$a > 0$ のとき，次の式を a^r の形で表しなさい。

(1) $\sqrt[3]{a^2}$

(2) $\dfrac{1}{(\sqrt[3]{a})^5}$

(3) $\sqrt[3]{\sqrt{a}}$

(4) $\left(\dfrac{a}{\sqrt[4]{a^3}}\right)^3$

第2章
微分法

［1］瞬間の速さと極限値

　静止している物体が，落ちはじめてから t 秒後に落下する距離を s m とすれば，空気の抵抗を考えないときは，$s = 4.9t^2$ であることが知られている。

　この式を用いると，落ちはじめてからの2秒後から3秒後までの1秒間の平均の速さは，

$$\frac{4.9 \times 3^2 - 4.9 \times 2^2}{3-2} = 24.5 \,(\text{m/秒})$$

である。

　2秒後から2.1秒後までの0.1秒間の平均の速さは，

$$\frac{4.9 \times (2.1)^2 - 4.9 \times 2^2}{2.1 - 2} = 20.09 \,(\text{m/秒})$$

である。

　同様に計算すると，2秒後から2.01秒後までの0.01秒間の平均の速さは，19.649（m/秒），2秒後から2.001秒後までの0.001秒間の平均の速さは，19.6049（m/秒）となる。

　時間の幅をさらに小さくするために，2秒後から $(2+h)$ 秒後までの h 秒間の平均の速さ

$$\frac{4.9(2+h)^2 - 4.9 \times 2^2}{(2+h) - 2} = \frac{4.9(4h + h^2)}{h} = 4.9(4+h)$$

において，h を限りなく0に近づければ，$4.9(4+h)$ の値は，限りなく $4.9 \times 4 = 19.6$ に近づいていく。

　この値 19.6m/秒は，落ちはじめてから2秒後の瞬間の速さを表していると考えられる。この値は h が0に近づくときの $\dfrac{4.9(2+h)^2 - 4.9 \times 2^2}{(2+h) - 2}$ の極限値

といい，次のように表す．

$$\lim_{h \to 0} \frac{4.9(2+h)^2 - 4.9 \times 2^2}{h} = 19.6$$

問題 1 3秒後の瞬間の速さを上の表現を使って表しなさい．

[2] 微分係数

(1) 平均変化率

関数 $y = f(x)$ において，x が a から b まで変化するとき，x の変化量は $b - a$，y の変化量は $f(b) - f(a)$ である．このとき，

$$\frac{f(b) - f(a)}{b - a}$$

を，x が a から b まで変化するときの関数 $f(x)$ の**平均変化率**という．

平均変化率は，関数 $y = f(x)$ のグラフ上の2点 $A(a, f(a))$，$B(b, f(b))$ を通る直線の傾きに等しい．

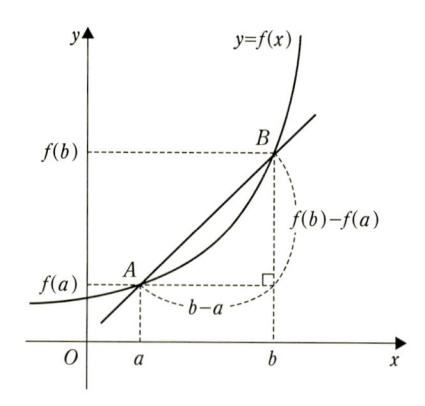

図2-1

問題 2 関数 $f(x) = x^2 - 2x - 3$ について，次の場合の平均の変化率を求めなさい。

(1) x が -2 から 2 まで変化するとき

(2) x が 3 から $3+h$ まで変化するとき

(2) 微分係数

関数 $f(x)$ の平均変化率の極限値について考えてみよう。

一般に，関数 $y = f(x)$ の x が a から $a+h$ まで変化するときの平均変化率

$$\frac{f(a+h) - f(a)}{h}$$

において，h が限りなく 0 に近づくとき，極限値

$$\lim_{h \to 0} \frac{f(a+h) - f(a)}{h}$$

が存在するならば，これを関数 $y = f(x)$ の $x = a$ における**微分係数**または変化率といい，記号 $f'(a)$ で表す。

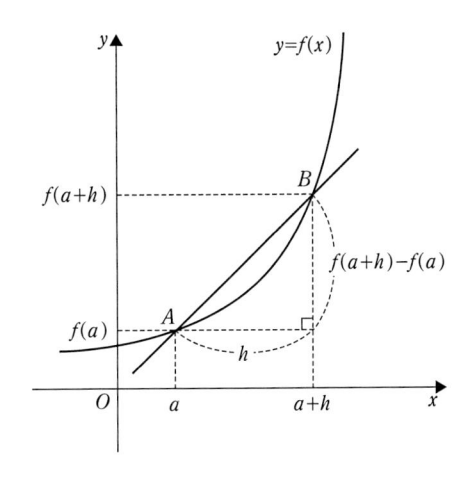

図 2-2

問題 3 次の関数の（　）内の x の値における微分係数を求めなさい。
(1) $f(x) = x^2 + 3x$ 　$(x = 2)$
(2) $f(x) = x^2$ 　$(x = a)$

問題 4 次の関数について，$f'(0)$，$f'(a)$ を求めなさい。
(1) $f(x) = 2x + 1$
(2) $f(x) = x^2 + 2x$

[3] 導関数

(1) 導関数

問題 3 (2) で求めたように，関数 $f(x) = x^2$ の $x = a$ における微分係数は

$$f'(a) = 2a$$

である。したがって，たとえば微分係数 $f'(-1)$，$f'(0)$，$f'(1)$，$f'(2)$ は，a にそれぞれ -1，0，1，2 を代入して，-2，0，2，4 であることが求められる。

このように a を変数とみると，$f'(a)$ は a の関数である。

そこで，a を x と書きなおせば，関数 $f(x) = x^2$ から，$f'(x) = 2x$ が導かれたことになる。

一般に，関数 $y = f(x)$ において，x のおのおのの値に，それぞれ微分係数を対応させると新しい関数が得られる。この関数をはじめの関数 $f(x)$ の**導関数**といい，記号 $f'(x)$ で表す。

導関数 $f'(x)$ は，以下の式によって求められる。

$$f'(x) = \lim_{h \to 0} \frac{f(x+h) - f(x)}{h}$$

$f(x)$ からその導関数 $f'(x)$ を求めることを，$f(x)$ を x について**微分**するという。

関数 $y=f(x)$ の導関数を表す記号としては，

$$y',\ \frac{dy}{dx},\ \{f(x)\}',\ \frac{d}{dx}f(x)$$

なども用いられる。

問題 5 次の関数を微分しなさい。
(1) $f(x) = x^2 - 2x$
(2) $f(x) = x^3 + x - 1$

（2）導関数の計算

導関数を計算するときには，次の公式が用いられる。

微分法の公式 ①

Ⅰ $f(x) = x^n$ ならば $f'(x) = nx^{n-1}$　ただし n は自然数

Ⅱ $f(x) = c$ ならば $f'(x) = 0$　ただし c は定数

Ⅲ $y = kf(x)$ ならば $y' = kf'(x)$　ただし k は定数

Ⅳ $y = f(x) + g(x)$ ならば $y' = f'(x) + g'(x)$

例　$y = 2x^3 + 4x^2 - 3x + 1$
$\Rightarrow y' = (2x^3 + 4x^2 - 3x + 1)' = (2x^3)' + (4x^2)' - (3x)' + (1)'$
$= 6x^2 + 8x - 3$

問題 6 定義にしたがって，関数 $5x^3 + 2x^2$ の導関数が $(5x^3)' + (2x^2)'$ であることを確かめなさい。

> **問題 7** 次の関数を微分しなさい。
>
> (1) $y = -3x^2 + 5x + 2$
>
> (2) $y = x^3 - 5x^2 + 4x - 3$
>
> (3) $y = (2x - 1)^2$
>
> (4) $y = (x + 2)(x^2 - 2x + 4)$
>
> (5) $y = (2x - 3)^3$

[4] 接線の傾き

関数 $y = f(x)$ の $x = a$ における微分係数 $f'(a)$ は，この関数のグラフにおいて，どのような意味を持っているか考えてみよう。

図 2-3 で，関数 $y = f(x)$ のグラフ上に，x 座標がそれぞれ，a，$a+h$ である 2 点 A，B をとると，

$$\frac{f(a+h) - f(a)}{h}$$

は直線 AB の傾きを表している。

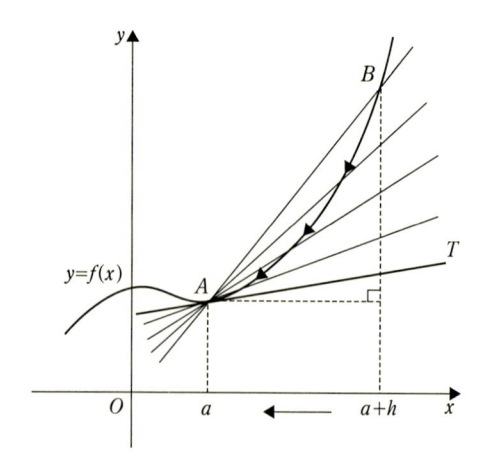

図 2-3

今，h を限りなく 0 に近づけると，点 B はグラフ上を動いて限りなく点 A に近づく。このとき，

$$\lim_{h \to 0} \frac{f(a+h)-f(a)}{h} = f'(a)$$

であるから，直線 AB は，点 A を通る傾き $f'(a)$ の直線 AT に限りなく近づく。この直線 AT を，関数 $y=f(x)$ の点 A における**接線**といい，点 A を**接点**という。

したがって，微分係数 $f'(a)$ は，関数 $y=f(x)$ のグラフ上の点 $A(a, f(a))$ における接線 AT の傾きを表している。

問題 8 次の曲線上の x 座標が 3 である点における接線の傾きを求めなさい。
(1) $y = -2x^2 + 3$
(2) $y = x^3 - 4$

[5] 関数の増減と極大・極小

(1) 関数の増加・減少

2つの実数 a, b に対して，不等式 $a < x < b$ を満たす実数 x の集合を**開区間**といい，(a, b) と表す。また不等式 $a \leqq x \leqq b$ などを満たす実数 x の集合を**閉区間**といい，$[a, b]$ で表す。これらに加え，$x < a$，$b \leqq x$ などを満たす実数 x の集合も**区間**という。

関数 $f(x)$ がある区間の任意の2つの値 x_1, x_2 に対して，つねに $x_1 < x_2$ のとき，$f(x_1) < f(x_2)$ であるならば，$f(x)$ はこの区間で増加する，またはこの区間で $f(x)$ は**増加関数**であるという。図2−4のようにグラフが右上がりであるということである。

これに対して，$x_1 < x_2$ のとき，$f(x_1) > f(x_2)$ であるならば，$f(x)$ はこの区間で減少する，または $f(x)$ はこの区間で**減少関数**であるという。図2−5の

図2-4　　　　　　　　図2-5

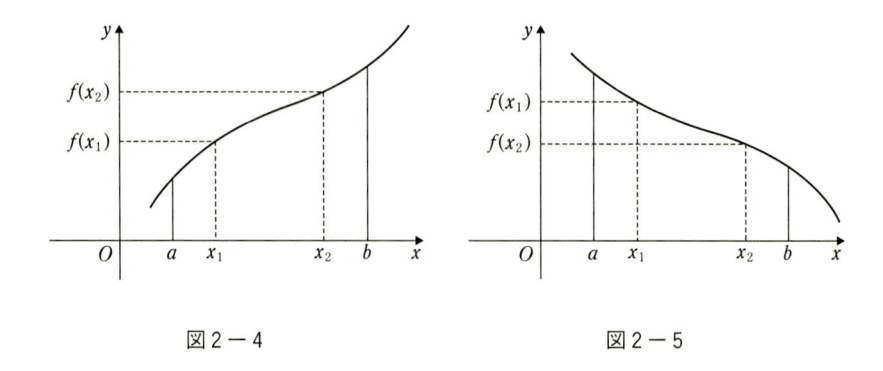

ように，グラフが右下がりであるということである。

関数 $f(x)$ の $x=a$ における微分係数 $f'(a)$ が関数 $y=f(x)$ のグラフ上の点 $A(a, f(a))$ における接線の傾きを表していることから $f'(a) > 0$ ならば，$f(x)$ は $x=a$ の近くで増加していることになる。逆に，$f'(a) < 0$ ならば，$f(x)$ は $x=a$ の近くで減少していることになる。よって，

$f'(x) > 0$ となる区間で，関数 $y=f(x)$ は増加する。
$f'(x) < 0$ となる区間で，関数 $y=f(x)$ は減少する。

ある区間で，常に $f'(x) = 0$ にならば，関数 $y=f(x)$ は増加も減少もしないので，この区間で $f(x)$ は一定の値をとる。

例　関数 $f(x) = x^3 - 3x$ の増減を調べてみると，

$$f'(x) = 3x^2 - 3 = 3(x+1)(x-1)$$

であるから増減表は表2-1のようになる。したがって $f(x)$ は，$x < -1$, $1 < x$ で増加し，$-1 < x < 1$ で減少する。

また，$x = -1$ は y の値が増加から減少にうつる境目になっており，$x = 1$ は y の値が減少から増加にうつる境目になっている。図2-6は $y = x^3 - 3x$ のグラフである。

x	$x<-1$	-1	$-1<x<1$	1	$1<x$
$f'(x)$	$+$	0	$-$	0	$+$
$f(x)$	↗	2	↘	-2	↗

表2－1

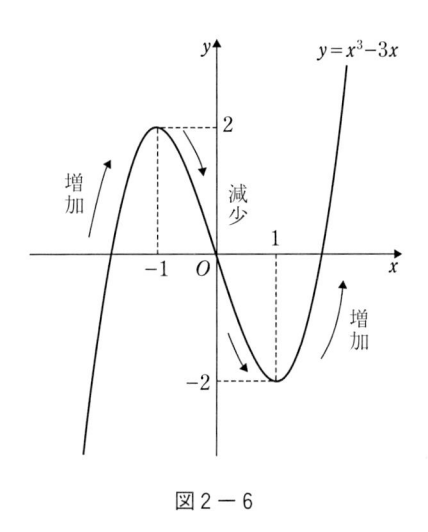

図2－6

　一般に，関数 $f(x)$ が $x=a$ を境目として増加から減少にうつるとき，$f(x)$ は $x=a$ で**極大**になるといい，$f(a)$ を**極大値**という。

　また，$x=b$ を境目として減少から増加にうつるとき，$f(x)$ は $x=b$ で**極小**になるといい，$f(b)$ を**極小値**という。

　極大値と極小値をまとめて，極値という。

　関数 $f(x)$ が $x=a$ で極値をとるならば，$f'(a)=0$ である。$x=a$ の前後で $f'(x)$ の符号が正から負に変われば，$f(x)$ が $x=a$ で極大となっている。反対に，$x=a$ の前後で $f'(x)$ の符号が負から正に変われば，$f(x)$ が $x=a$ で極小となっている。

問題 9 次の関数の極値を求め，グラフを書きなさい。
(1) $f(x) = x^3 - 3x^2 + 2$
(2) $f(x) = -x^3 - 3x^2 + 9x$

[6] 第2次導関数

関数 $f(x)$ の導関数 $f'(x)$ の導関数を $f(x)$ の **第2次導関数** といい，

$$y'',\ f''(x),\ \frac{d^2y}{dx^2},\ \frac{d^2}{dx^2}f(x)$$

などで表す。第2次導関数を求めることを2階の微分をするという。

これに対して，$f'(x)$ を $f(x)$ の第1次導関数という。

例 $y = ax^3 + bx^2 + cx + d$
$\Rightarrow y' = 3ax^2 + 2bx + c,\ y'' = 6ax + 2b$

問題 10 関数 $y = x^4 - 2x^3 + 3x^2 - 5$ の第2次導関数を求めなさい。

第2次導関数を用いることで，極値を判定することができる。今関数 $f(x)$ が連続な第2次導関数をもち，$f'(a) = 0$ とする。このとき，$f''(a) > 0$ ならば，$f(x)$ が $x = a$ で極小となっている。反対に $f''(a) < 0$ ならば，$f(x)$ が $x = a$ で極大となっている。

なぜならたとえば $f''(a) > 0$ ならば，$f''(x)$ は $x = a$ の前後で連続だから，$x = a$ の近くで常に $f''(x) > 0$ となる。つまり $f'(x)$ は増加している。したがって $f'(a) = 0$ ならば，$x = a$ の近くで $x < a$ では $f'(x) < 0$，反対に $x > a$ では $f'(x) > 0$ である。よって，$f(x)$ が $x = a$ で極小となっているといえる。

問題 11 第 2 次導関数を用いて，関数 $f(x) = x^4 - 2x^2 + 2$ の極値を求めなさい。

[7] 曲線の凹凸と関数のグラフ

　ある区間で $f''(x) > 0$ とすると，その区間で $f'(x)$ は増加している。$f'(x)$ は曲線 $y = f(x)$ 上の点 $(x, f(x))$ における接線の傾きであるから，$f''(x) > 0$ の区間では，接線の傾きは増加し，グラフは図 2-7 のようになる。

　このようなとき，曲線 $y = f(x)$ は，この区間で下に凸であるという。

　同様に考えて，ある区間で $f''(x) < 0$ とするとその区間で $f'(x)$ は減少するから，$f''(x) < 0$ の区間では，接線の傾きは減少し，グラフは図 2-8 のようになる。このようなとき，曲線 $y = f(x)$ は，この区間で上に凸であるという。

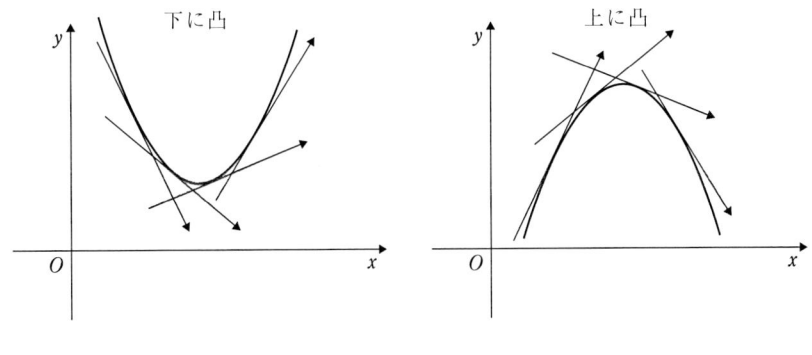

図 2-7　　　　　　図 2-8

例　関数 $y = x^4 - 2x^3$ のグラフの凹凸を調べてみる。$y' = 4x^3 - 6x^2$，$y'' = 12x^2 - 12x = 12x(x-1)$ である。したがって $x < 0$，$x > 1$ で $y'' > 0$ だから，その範囲でグラフは下に凸。また，$0 < x < 1$ で $y'' < 0$ だから，その範囲でグラフは上に凸である。グラフは図 2-9 のようになる。

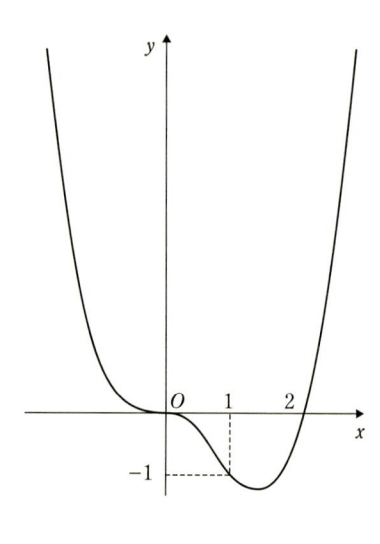

図2－9

> **問題 12**　次の関数のグラフの凹凸を調べなさい。
> (1) $y = x^3$
> (2) $y = x^4 - x^3$

　グラフの凹凸の入れかわる点を**変曲点**という。$x = a$ を境にして，$f''(x)$ の符合が変わるとき，点 $(a, f(a))$ は変曲点である。図2－9では $(0, 0)$，$(1, -1)$ が変曲点である。変曲点で接線をひくと，グラフはその点を境にして接線の一方の側から他方の側に変わっていることがわかる。

［8］さまざまな導関数の計算

（1）積の微分

　関数の積の導関数について，次の公式が成り立つ。

微分法の公式 ② (積の微分)

$y = f(x)g(x)$ ならば $y' = f'(x)g(x) + f(x)g'(x)$

[証明]　$\Delta y = f(x+\Delta x)g(x+\Delta x) - f(x)g(x)$
$= f(x+\Delta x)g(x+\Delta x) - f(x)g(x+\Delta x) + f(x)g(x+\Delta x) - f(x)g(x)$
$= \{f(x+\Delta x) - f(x)\}g(x+\Delta x) + f(x)\{g(x+\Delta x) - g(x)\}$

と変形できるから,

$$\frac{\Delta y}{\Delta x} = \frac{f(x+\Delta x) - f(x)}{\Delta x} g(x+\Delta x) + f(x) \frac{g(x+\Delta x) - g(x)}{\Delta x}$$

ここで, $\lim_{\Delta x \to 0} \frac{f(x+\Delta x) - f(x)}{\Delta x} = f'(x)$, $\lim_{\Delta x \to 0} g(x+\Delta x) = g(x)$,
$\lim_{\Delta x \to 0} \frac{g(x+\Delta x) - g(x)}{\Delta x} = g'(x)$　であるから,

$$y' = \lim_{\Delta x \to 0} \frac{\Delta y}{\Delta x} = f'(x)g(x) + f(x)g'(x)$$

例　$y = (x+5)(3x^2 - 2x)$
$\Rightarrow y' = (x+5)'(3x^2 - 2x) + (x+5)(3x^2 - 2x)'$
$= (3x^2 - 2x) + (x+5)(6x - 2)$
$= 9x^2 + 26x - 10$

問題 13　次の関数を微分しなさい。

(1) $y = (2x-1)(x^2 + 2x - 1)$

(2) $y = (x^2 - 2x + 3)(2x^2 + 1)$

(3) $y = (x^2 + 2x + 3)(-2x^2 + x)$

(4) $y = (x+1)(x-2)(2x+3)$

(2) 商の微分

商の導関数の微分については，次の公式が成り立つ。

> **微分法の公式 ③** (商の微分)
>
> $y = \dfrac{f(x)}{g(x)}$ ならば $y' = \dfrac{f'(x)g(x) - f(x)g'(x)}{\{g(x)\}^2}$
>
> とくに，$y = \dfrac{1}{g(x)}$ ならば $y' = -\dfrac{g'(x)}{\{g(x)\}^2}$

[証明]

$$\Delta y = \frac{f(x+\Delta x)}{g(x+\Delta x)} - \frac{f(x)}{g(x)}$$

$$= \frac{f(x+\Delta x)g(x) - f(x)g(x+\Delta x)}{g(x+\Delta x)g(x)}$$

$$= \frac{\{f(x+\Delta x) - f(x)\}g(x) - f(x)\{g(x+\Delta x) - g(x)\}}{g(x+\Delta x)g(x)}$$

と変形できるから，

$$\frac{\Delta y}{\Delta x} = \frac{\dfrac{f(x+\Delta x) - f(x)}{\Delta x}g(x) + f(x)\dfrac{g(x+\Delta x) - g(x)}{\Delta x}}{g(x+\Delta x)g(x)}$$

ここで，$\lim\limits_{\Delta x \to 0}\dfrac{f(x+\Delta x) - f(x)}{\Delta x} = f'(x)$, $\lim\limits_{\Delta x \to 0} g(x+\Delta x) = g(x)$,

$\lim\limits_{\Delta x \to 0}\dfrac{g(x+\Delta x) - g(x)}{\Delta x} = g'(x)$ であるから，

$$y' = \lim_{\Delta x \to 0}\frac{\Delta y}{\Delta x} = \frac{f'(x)g(x) - f(x)g'(x)}{\{g(x)\}^2}$$

とくに，$f(x) = 1$ とすれば，$\left\{\dfrac{1}{g(x)}\right\}' = -\dfrac{g'(x)}{\{g(x)\}^2}$

例 $y = \dfrac{x-2}{2x^2+x}$

$\Rightarrow y' = \dfrac{(x-2)'(2x^2+x) - (x-2)(2x^2+x)'}{(2x^2+x)^2}$

$= \dfrac{(2x^2+x) - (x-2)(4x+1)}{(2x^2+x)^2}$

$= \dfrac{-2x^2 + 8x + 2}{(2x^2+x)^2}$

問題 14 次の関数を微分しなさい。

(1) $y = 2x^4 - \dfrac{3}{x^3}$

(2) $y = \dfrac{2x-1}{x^2-1}$

(3) $y = \dfrac{x^2+1}{x^2-x+1}$

$y = \dfrac{1}{x^m} \Rightarrow y' = -\dfrac{m}{x^{m+1}}$ であるが,これは $(x^{-m})' = -mx^{-m-1}$ と書くことができる。ここで,$-m = n$ とおくと,微分法の公式①のⅠが得られる。このことは,n が負の整数のときにも,微分法の公式①のⅠが成り立つことを示している。

[9] 合成関数の微分法

たとえば,$y = (x^2+1)^3$ は,$y = u^3$ と $u = x^2+1$ の合成関数と考えられる。ここでは合成関数の微分法について考えよう。

2つの関数 $y = f(u)$,$u = g(x)$ がともに微分可能とする。x の増分 Δx に対する u の増分を Δu,u の増分 Δu に対する y の増分を Δy とすれば,

$\dfrac{\Delta y}{\Delta x} = \dfrac{\Delta y}{\Delta u} \dfrac{\Delta u}{\Delta x}$

であって,$u = g(x)$ が微分可能であるから,$\Delta x \to 0$ のとき $\Delta u \to 0$ となり,

$$\frac{dy}{dx} = \lim_{\Delta x \to 0} \frac{\Delta y}{\Delta x} = \lim_{\Delta x \to 0} \left(\frac{\Delta y}{\Delta u} \frac{\Delta u}{\Delta x}\right) = \lim_{\Delta u \to 0} \frac{\Delta y}{\Delta u} \lim_{\Delta x \to 0} \frac{\Delta u}{\Delta x} = \frac{dy}{du} \frac{du}{dx}$$

また，$y = f(u)$ と $u = g(x)$ の合成関数 $y = f(g(x))$ の微分法において，

$$\frac{dy}{dx} = \{f(g(x))\}', \quad \frac{dy}{du} = f'(u), \quad \frac{du}{dx} = g'(x)$$

であるから，次の公式が成り立つ。

微分法の公式 ④（合成関数の微分）

$y = f(u)$, $u = g(x)$ がともに微分可能とするとき，

$$\frac{dy}{dx} = \frac{dy}{du} \frac{du}{dx} \quad \text{または} \quad \{f(g(x))\}' = f'(g(x)) g'(x)$$

例 $y = (2x^2 + 1)^5$

$\Rightarrow y' = 5(2x^2 + 1)^4 (2x^2 + 1)' = 20x(2x^2 + 1)^4$

問題 15 次の関数を微分しなさい。

(1) $y = (3 - 2x)^4$

(2) $y = (3x^2 - 2x + 1)^3$

(3) $y = \dfrac{1}{(3x + 2)^2}$

(4) $y = \left(\dfrac{x - 1}{x}\right)^3$

微分法の公式①のⅠは n が有理数のとき成り立つことが，合成関数の微分法を利用することで証明できる。

[証明] p を正の整数，q を整数として，$r = \dfrac{q}{p}$ とする。$y = x^{\frac{q}{p}}$ の両辺を

p 乗すると，$y^p = x^q$。この両辺を x で微分すると，

左辺は $\dfrac{d}{dx} y^p = \dfrac{d}{dy} y^p \dfrac{dy}{dx} = py^{p-1} \dfrac{dy}{dx}$，右辺は qx^{q-1} であるから，

$py^{p-1} \dfrac{dy}{dx} = qx^{q-1}$ となる。

したがって，$\dfrac{dy}{dx} = \dfrac{q}{p} x^{q-1} y^{1-p} = \dfrac{q}{p} x^{q-1} (x^{\frac{q}{p}})^{1-p} = \dfrac{q}{p} x^{\frac{q}{p}-1}$ である。

すなわち $(x^r)' = rx^{r-1}$。

問題 16 次の関数を微分しなさい。
(1) $y = \sqrt[4]{x^3}$
(2) $y = \sqrt{16 - x^2}$

問題 16 (2) の関数は円の方程式 $x^2 + y^2 = 16$ の $y \geqq 0$ の範囲を表している。次に，$x^2 + y^2 = 16$ の両辺を y を x の関数と考えてそれぞれ x で微分すると，

$$\dfrac{d}{dx} x^2 + \dfrac{d}{dx} y^2 = 0$$

ここで，$\dfrac{d}{dx} x^2 = 2x$，$\dfrac{d}{dx} y^2 = \dfrac{d}{dy} y^2 \dfrac{dy}{dx} = 2y \dfrac{dy}{dx}$ だから，$2x + 2y \dfrac{dy}{dx} = 0$

よって，$y \neq 0$ のとき，$\dfrac{dy}{dx} = -\dfrac{x}{y}$

問題 17 次の式から $\dfrac{dy}{dx}$ を x, y を用いて表しなさい。
(1) $x^2 + y^2 + 2y = 3$
(2) $y^2 = 4x$

[10] 逆関数の微分法

x の関数 $y = f(x)$ において，y の値を定めると，x の値がちょうど 1 つ定まるとき，すなわち x が y の関数として $x = g(y)$ と表されるとき，変数を x と書

き直した $g(x)$ を $f(x)$ の逆関数といい，$f^{-1}(x)$ で表す。

例 $y = f(x) = 2x + 1 \Rightarrow x = g(y) = \dfrac{y-1}{2}$ だから，$f^{-1}(x) = \dfrac{x-1}{2}$

関数 $f(x)$ の逆関数 $f^{-1}(x)$ について，$b = f(a) \Leftrightarrow a = f^{-1}(b)$ である。
$f(x)$ と $f^{-1}(x)$ では，定義域と値域が入れかわる。
$y = f(x)$ と $y = f^{-1}(x)$ のグラフは，直線 $y = x$ に関して対称である。

関数 $f(x)$ の逆関数 $f^{-1}(x)$ の微分法について考えよう。$y = f^{-1}(x)$ とおくと，$x = f(y)$ である。この両辺を x の関数とみて，それぞれ x で微分すると，
左辺は $\dfrac{d}{dx}x = 1$，右辺は $\dfrac{d}{dx}f(y) = \dfrac{d}{dy}f(y)\dfrac{dy}{dx} = \dfrac{dx}{dy}\dfrac{dy}{dx}$ となるから，
$\dfrac{dx}{dy}\dfrac{dy}{dx} = 1$ である。したがって，次の公式が成り立つ。

> **微分法の公式 ⑤**（逆関数の微分）
> $\dfrac{dx}{dy} \neq 0$ のとき，$\dfrac{dy}{dx} = \dfrac{1}{\dfrac{dx}{dy}}$

例 $y = \sqrt[3]{x}$ を逆関数の微分法を用いて微分すると，$x = y^3$ より $\dfrac{dx}{dy} = 3y^2$

ゆえに $\dfrac{dy}{dx} = \dfrac{1}{3y^2} = \dfrac{1}{3(\sqrt[3]{x})^2} = \dfrac{1}{3\sqrt[3]{x^2}}$

問題 18 上の例にならって，次の関数を微分しなさい。
(1) $y = \sqrt[4]{x}$
(2) $y = \sqrt[3]{2x+1}$

[11] 媒介変数で表示された関数の微分法

y が x の関数で，x, y が1つの変数，たとえば t を用いて

$$x = f(t), \quad y = g(t)$$

と表されているとき，これを関数の**媒介変数表示**といい，t を**媒介変数**という。

x, y が t について微分可能で，$f'(t) \neq 0$ のとき，$\dfrac{dy}{dx}$ を求めることを考えよう。
合成関数の微分法より，$\dfrac{dy}{dx} = \dfrac{dy}{dt} \dfrac{dt}{dx}$，また逆関数の微分法より，$\dfrac{dt}{dx} = \dfrac{1}{\frac{dx}{dt}} = \dfrac{1}{f'(t)}$

したがって，$\dfrac{dy}{dx} = \dfrac{\frac{dy}{dt}}{\frac{dx}{dt}} = \dfrac{g'(t)}{f'(t)}$

微分法の公式 ⑥（媒介変数表示の関数の微分）

$x = f(t), \ y = g(t)$ のとき，$\dfrac{dy}{dx} = \dfrac{\frac{dy}{dt}}{\frac{dx}{dt}} = \dfrac{g'(t)}{f'(t)}$

例 $x = 2t - 1, \ y = 3 - 4t^2 \Rightarrow \dfrac{dx}{dt} = 2, \ \dfrac{dy}{dt} = -8t$ だから，

$\dfrac{dy}{dx} = \dfrac{-8t}{2} = -4t$

問題 19

y が x の関数で，x, y が t を媒介変数として次の式で与えられているとする。$\dfrac{dy}{dx}$ を t を用いて表しなさい。

(1) $x = \sqrt{t+2}, \ y = 2t^2$

(2) $x = \dfrac{1+t}{1-t}, \ y = \dfrac{2t}{1-t}$

[12] 2変数関数と偏微分・全微分

(1) 2変数関数

変数 x, y, z の間に，$z = 2x + 3y + 9$, $z = xy$ や $z = \sqrt{16 - x^2 - y^2}$ のような関係があるとき，x と y のある組み合わせ (x, y) が与えられると，z の値が決まるから，z は変数 x, y の関数であるという。このように変数が2つある関数を2変数関数といい，一般に

$$z = f(x, y)$$

で表す。

m, n, k を定数としたときに，$z = mx + ny + k$ で表されるグラフを**平面**という。これは図2-10のように，平面 $x = a$ で切断すると傾き n の直線となり，平面 $y = b$ で切断すると，傾き m の直線となっている。

一般の2変数関数のグラフは曲面となる。

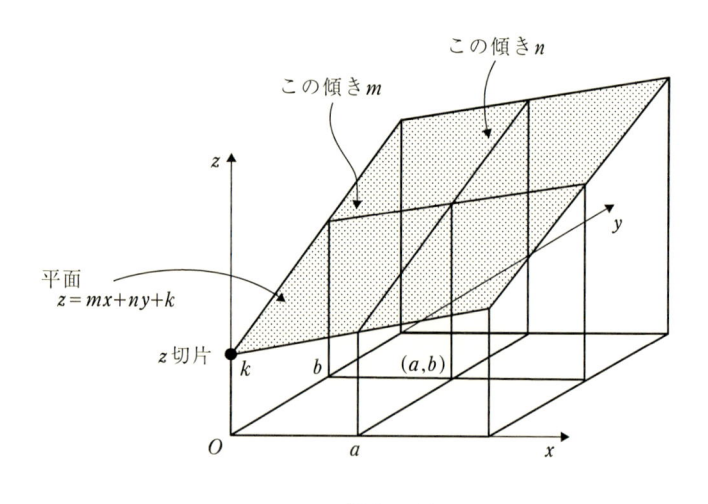

図2-10

問題20 $z = xy$ および $z = \sqrt{16 - x^2 - y^2}$ のグラフを書いてみなさい。

（2）偏微分

2変数関数 $z = f(x, y)$ において，2つの独立した変数のうちの片方 y を一定の値 b に固定すれば，$z = f(x, b)$ は1変数 x だけの関数となる。この関数の $x = a$ における微分係数

$$\lim_{h \to 0} \frac{f(a+h, b) - f(a, b)}{h}$$

が存在するならば，この値を点 $A(a, b)$ における $f(x, y)$ の x についての**偏微分係数**といい，記号 $f_x(a, b)$ で表す。これは図2−11に示されるように，$z = f(x, y)$ のグラフの曲面を，平面 $y = b$ で切った断面の曲線 $z = f(x, b)$ の，点 $B(a, b, f(a, b))$ での接線の傾きを考えていることに等しい。

同様にして，x を一定の値 a に固定して得られる y だけが変数となった関数 $z = f(a, y)$ の $y = b$ における微分係数

$$\lim_{k \to 0} \frac{f(a, b+k) - f(a, b)}{k}$$

を，点 $A(a, b)$ における関数 $f(x, y)$ の y についての偏微分係数といい，記号 $f_y(a, b)$ で表す。これは図2−12に示されるように，$z = f(x, y)$ のグラフの曲面を，平面 $x = a$ で切った断面の曲線 $z = f(a, y)$ の，点 $B(a, b, f(a, b))$ での接線の傾きを考えていることに等しい。

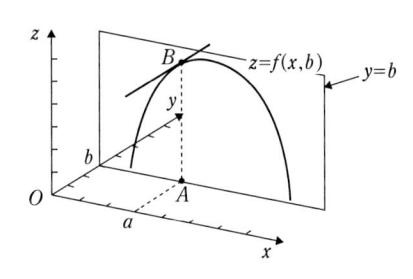

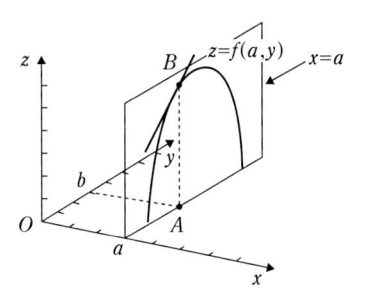

図2−11   図2−12

点 $A(a, b)$ で偏微分係数 $f_x(a, b)$ および $f_y(a, b)$ が存在するならば，関数 $f(x, y)$ は点 A で**偏微分可能**であるという。関数 $z = f(x, y)$ について，x のおのおのの値にそれぞれの偏微分係数を対応させると新しい関数が得られるが，この関数をはじめの関数 $z = f(x, y)$ の x についての**偏導関数**といい，

$$f_x(x, y),\ z_x,\ \frac{\partial z}{\partial x},\ \frac{\partial f(x, y)}{\partial x}$$

などの記号で表す。「∂」はラウンドという。

x についての偏導関数は

$$f_x(x, y) = \lim_{h \to 0} \frac{f(x+h, y) - f(x, y)}{h}$$

で定義される。

同様にして y についての偏導関数 $f_y(x, y)$ も求めることができる。

偏導関数を求めることを**偏微分**するという。

問題 21

次の関数を x および y で偏微分しなさい。
(1) $f(x, y) = 5x^2 + 3x + 6y + 2$
(2) $f(x, y) = x^3 + 2x^2y + x^2 - 7xy^2 + 4xy - 9x + 2y^3 - 8$

もし，偏導関数 $f_x(x, y)$, $f_y(x, y)$ がさらに偏微分可能ならば，第 2 次偏導関数を求めることができ，

$$f_{xx}(x,y) = \frac{\partial^2 f(x, y)}{\partial x^2},\ f_{xy}(x,y) = \frac{\partial^2 f(x, y)}{\partial x \partial y},\ f_{yy}(x,y) = \frac{\partial^2 f(x, y)}{\partial y^2}$$

と表す。$f_{xy}(x, y)$ のように，異なった変数で微分した導関数を**交叉偏導関数**という。なお，$f_x(x, y)$ を y で偏微分した $f_{xy}(x, y)$ と，$f_y(x, y)$ を x で偏微分した $f_{yx}(x, y)$ とは，同じ値となることが知られている。これを**ヤングの定理**という。

問題 22 以下の関数について第2次導関数を求め，ヤングの定理が成り立つことを確かめなさい。

(1) $z = x^4 y^3$

(2) $z = \dfrac{yx + y^2}{x}$

（3）全微分

変数 x, y が媒介変数 t の関数

$$x = x(t), \quad y = y(t)$$

であるとき，$z = f(x(t), y(t))$ と z も t の関数となり，合成関数として表示できる。t が微小な量変化すると，それは x と y の値を微小な量だけ変化させ，それぞれの変化が z に及ぼす変化の合計分だけ，z が変化すると考えることができる。したがってこの合成関数を t で微分することで，次の関係が成り立つ。

$$\frac{dz}{dt} = f_x \frac{dx}{dt} + f_y \frac{dy}{dt} \tag{2-1}$$

一般的に z は 2 つの変数 x, y の関数だから，x, y の変化の結果 z がどれだけ変化するのかは，

$$dz = f_x dx + f_y dy \tag{2-2}$$

と書くことができる。（2−2）式は（2−1）式の dt を省略した形となっており，この式を関数 f の**全微分**という。全微分は 1 変数関数 $y = f(x)$ の微分 $\dfrac{dy}{dx} = f'(x)$，すなわち $dy = f'(x)dx$ を 2 変数に拡張したものである。

問題 23 次の関数を全微分しなさい。

(1) $z = x^{\frac{1}{2}} y^{\frac{1}{2}}$

(2) $z = x^2 + 3xy + 2y^2$

（4） 陰関数の微分

一般に変数 x と y の間に，

$$F(x, y) = 0 \qquad (2-3)$$

という関係があるとき，これを満たす点の集合は (x, y) 平面上の曲線となる。このとき，必ずしも x の値に対して y の値が１つに決まって（すなわち y が x の関数となって），

$$y = f(x) \qquad (2-4)$$

の形で表されるとは限らないが，曲線のある部分については（2－4）式のように直すことができるとする。

（2－3）式が与えられて，y が x の関数と考えられるとき，y を x の**陰関数**という。これに対して，（2－4）式の形で表される関数を**陽関数**という。

> **例** 円の方程式 $x^2 + y^2 - r^2 = 0$ は陰関数の例であり，これを y について解くことで，２つの陽関数 $y = \sqrt{r^2 - x^2}$ および $y = -\sqrt{r^2 - x^2}$ が得られる。

陰関数 $F(x, y) = 0$ が点 $A(a, b)$ の近くで連続でかつ $F_y(a, b) \neq 0$ ならば，点 A の近くで $f(a) = b$ となるような陽関数 $y = f(x)$ が定まる。$f(x)$ は $x = a$ の近くで微分可能であり，その導関数について以下の関係が成り立つ。

$$\frac{dy}{dx} = -\frac{F_x(x, y)}{F_y(x, y)}$$

これを陰関数を微分するという。$F(x, y) = 0$ を全微分した式

$$F_x(x, y)dx + F_y(x, y)dy = 0$$

を変形することによって容易に求めることができる。

問題 24 次の陰関数について、$\dfrac{dy}{dx}$ を求めなさい。

(1) $x^2 + y^2 - 9 = 0$

(2) $x^2 - 2xy + y^3 = 0$

第3章
経済学への応用1

[1] 需要の価格弾力性

　需要曲線は，ある財の需要量が価格の関数である関係を表した曲線で，個々の消費者の需要曲線と，それを集計した市場需要曲線がある。高等学校で習ったように，一般には価格が高いほど，その財に対する需要量は小さくなるから，縦軸に財の価格，横軸に需要量をとると，需要曲線は右下がりとなる。

　価格の変化に対して，需要量がどのように変化するかを表す指標が，**需要の価格弾力性**である。需要の価格弾力性 e_d は，価格の変化率（増分／元の値）に対する，需要量の変化率で定義される。すなわち価格の1％の上昇が，需要量を何％変化させるかを意味する。通常価格上昇に対しての需要量は減少するため，変化の方向は反対であることから，弾力性 e_d が正の値となるように，はじめからマイナスの符号をつけて定義されている。したがって，

$$e_d = -\frac{dx/x}{dp/p} = -\frac{p}{x}\frac{dx}{dp}$$

で表される。ただし p は価格，x は数量（この場合は需要量）を表す。

問題 1 　需要関数 $X = 75 - 5p$ において，$p=3$，$p=5$ のそれぞれのケースでの，需要の価格弾力性を求めなさい。ただし X は需要量，p は価格を表すものとする。

問題 2 　図3－1のように需要関数が線形であるとき，点 A における需要の価格弾力性 e_d は $\frac{CG}{GO}$ となることを示しなさい。

図3-1

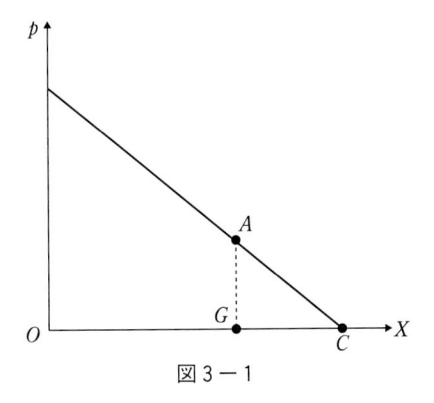

問題2の結論から，線形の需要関数の場合には需要の価格弾力性 e_d は，需要曲線の中点では1であり，中点の上方では1より大きく（弾力的という），中点の下方では1より小さい（非弾力的という）ことがわかる。

類似の概念に以下のものがある。

需要の所得弾力性　　$e_1 = \dfrac{I}{x}\dfrac{dx}{dI}$

ただし，I は所得を表す。また，供給曲線についても同様にして価格弾力性を以下のように定義できる。

供給の価格弾力性　　$e_s = \dfrac{p}{x}\dfrac{dx}{dp}$

いずれの弾力性も正の値をとるように定義されていることに注意されたい。

[2] 生産関数

(1) 同次関数

ある企業が2つの**生産要素**（労働：L と資本：K）を用いて，1つの財（セメント：X）を生産しているとする。生産要素の投入量と生産できる財の生産量との間には関数関係があり，一般的には

$$X = F(L, K)$$

と表される。ここで，L は労働の投入量，K は資本の投入量，X はセメントの生産量である。これを**生産関数**という。

　生産要素の投入量を増やせば，生産可能な財の生産量は当然増えるが，その増え方については，いろいろなケースが考えられる。

　2つの生産要素の投入量を始めの時点の2倍，3倍に増やしたとき，生産量が2倍，3倍になるような生産関数を，**規模に関して収穫一定**，または1次同次の生産関数という。これに対して，生産量が2倍以上，3倍以上となるような生産関数を，**規模に関して収穫逓増**の生産関数という。また，生産量が2倍以下，3倍以下にとどまるような生産関数を**規模に関して収穫逓減**の生産関数という。

[例]　$X = L^{\frac{1}{3}} K^{\frac{2}{3}}$

当初の生産要素投入量を L_0, K_0，生産量を X_0 とすると，$X_0 = L_0^{\frac{1}{3}} K_0^{\frac{2}{3}}$ である。今，生産要素の投入量が当初の n 倍に拡大されたとすると，生産量は

$$(nL_0)^{\frac{1}{3}}(nK_0)^{\frac{2}{3}} = n^{\frac{1}{3}} L_0^{\frac{1}{3}} n^{\frac{2}{3}} K_0^{\frac{2}{3}} = n L_0^{\frac{1}{3}} K_0^{\frac{2}{3}} = nX_0$$

となり，やはり当初の n 倍に拡大される。よって，この生産関数は規模に関して収穫一定である。この関数のグラフは図3-2のようになる。

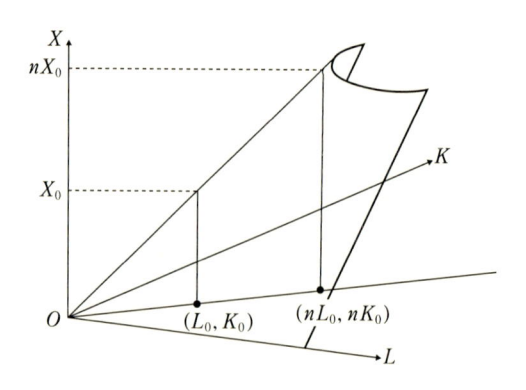

図3-2

問題 3　次の生産関数は規模に関して収穫が逓増か，一定か，逓減か答えなさい．また，そのグラフを書いてみなさい．
(1) $X = L^{\frac{1}{3}} K^{\frac{1}{3}}$
(2) $X = L^{\frac{2}{3}} K^{\frac{2}{3}}$

　生産関数 $X = aL^\alpha K^\beta$ ただし a は正の定数において，$\alpha + \beta = 1$ ならば，生産関数は規模に関して収穫一定となる．このタイプの生産関数を特に，**コブ＝ダグラス型の生産関数**という．コブ＝ダグラス生産関数は，計算が容易であるためにしばしば仮定される．

　$\alpha + \beta > 1$ ならば，生産関数は規模に関して収穫逓増である．これは大規模生産のメリットが働く現実を表現する場合には有益である．

　$\alpha + \beta < 1$ またならば，生産関数は規模に関して収穫逓減である．これはたとえば土地など別の生産要素が一定しか存在せずに，それが生産拡大の制約となる混雑現象などが発生する現実を表現する場合には有益である．

　$F(nL, nK) = n^k F(L, K)$ が一般に成立するときに，この関数を k 次同次関数という．したがって，問題 3 (1) は $\frac{2}{3}$ 次同次関数，(2) は $\frac{4}{3}$ 次同次関数である．$k < 1$, $k = 1$, $k > 1$ のとき，それぞれ生産関数は規模に関して収穫逓減，一定，逓増である．

　k 次同次関数に関しては，次の**オイラーの定理**が成り立つ．

$$kF(L, K) = F_L(L, K)L + F_K(L, K)K$$

ただし $F_L(L, K) = \dfrac{\partial F(L, K)}{\partial L}$, $F_K(L, K) = \dfrac{\partial F(L, K)}{\partial K}$

[証明]　　k 次同次関数だから，$F(nL, nK) = n^k F(L, K)$ であり，両辺を n で微分すると，$F_L(nL, nK)L + F_K(nL, nK)K = kn^{k-1}F(L, K)$ となる．ここで $n = 1$ とおくと求める式を得る．

また，$F(nL, nK)=n^k F(L, K)$ の両辺を K で偏微分すると，$nF_K(nL, nK)=n^k F_K(L, K)$ だから，両辺を n で割ると，

$$F_K(nL, nK)=n^{k-1}F_K(L, K)$$

となる。よって k 次同次関数の偏導関数は，$k-1$ 次同次関数であることがわかる。

（2）等生産量曲線

生産量 X を一定としたときの，その生産に必要な資本と労働の組み合わせをいろいろ探して (L, K) 平面上に結んで描いた曲線を**等生産量曲線**，または，**等量曲線**という。一般に資本量を増やせば，労働を減らすことができる，すなわち両者は**代替**が可能である。

2つの生産要素の代替関係について知るために，資本量を一定としたときの，労働量と生産量の関係を見てみよう。

$X = F(L, K)=L^{\frac{1}{3}}K^{\frac{2}{3}}$ で，$F_L(L, K)=\frac{1}{3}L^{-\frac{2}{3}}K^{\frac{2}{3}}=\frac{1}{3}(\frac{K}{L})^{\frac{2}{3}}>0$ および，$F_{LL}(L, K)=-\frac{2}{9}L^{-\frac{5}{3}}K^{\frac{2}{3}}=-\frac{2}{9}(\frac{K^2}{L^5})^{\frac{1}{3}}<0$ であるように，一般に生産関数のある生産要素の1階の微分は正，2階の微分は負となる。これは，生産要素が2つ以上ある場合に，1つの生産要素投入量を増加させると，生産量は増えるものの，その増加率は逓減（徐々に小さくなること）していくことに対応している。$F_L(L,K)$ を**労働の限界生産物**（または**限界生産力**），$F_K(L,K)$ を**資本の限界生産物**（または**限界生産力**）という。労働ないし資本の限界生産物を MP_L，MP_K のように表すことがある。

限界生産物が逓減することを，**限界生産物逓減の法則**という。労働投入量 L を一定とした場合の，資本投入量 K と生産量 X の関係は，図3－3のように描かれる。

図 3 − 3

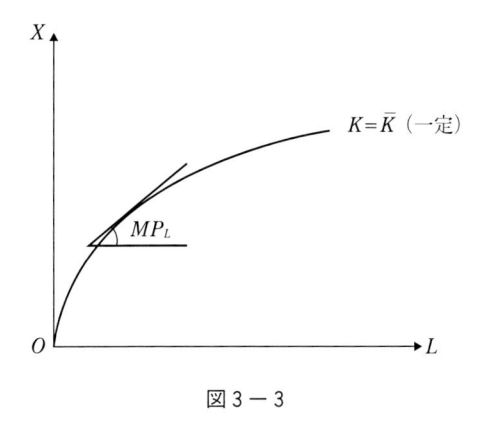

生産要素が 2 つある場合には，一方の生産要素が他方の代わりを完全にできるものではない。図 3 − 4 は $X = X_0$ の生産量を与える等量曲線が描かれている。点 A のように，労働が多く投入され，資本投入が少ない場合には，労働過剰・資本不足状態のため，さらに 1 単位の労働を追加投入しても，その限界生産物は小さい。これに対して，前と同じ生産量を保って生産するとした場合，減らす資本の量は小さいと考えられる。資本の限界生産物は大きいからである。点 A では資本が希少であるから，わずかな資本の減少でも，1 単位の労働増の結果増えた生産量を相殺できると考えられるからである。

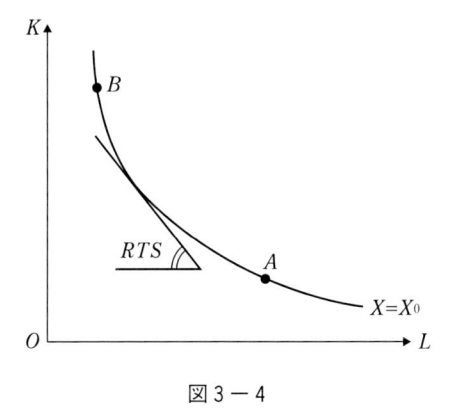

図 3 − 4

反対に点 B では，労働が多く投入される一方，資本は希少な生産要素のため，限界生産物が大きく，1 単位の資本の追加投入は生産量を大きく引き上げると考えられる。これに対して，前と同じ生産量を保って生産するとした場合に，減らす労働量は大きいと考えられる。点 B では労働は過剰気味のため，限界生産物は小さいからである。

以上から，等生産量曲線は右下がりの曲線で，かつ原点に対して凸となる。

等生産量曲線の接線の傾きを，（技術的）**限界代替率**（RTS）という。X を一定として，生産関数を全微分すると，

$$F_L(L, K)dL + F_K(L, K)dK = dX = 0$$

となるから，限界代替率は

$$RTS = -\left.\frac{dK}{dL}\right|_{X=\overline{X}} = \frac{F_L(L, K)}{F_K(L, K)} \quad (>0)$$

と表される。ここで記号 $\left.\right|_{X=\overline{X}}$ は，$X = \overline{X}$ すなわち生産量 X を一定に保ったまま，という意味である。限界代替率はこのように限界生産物の比となる。

等生産量曲線が原点に対して凸であることは，L が大きくなるにつれて限界代替率が小さくなることを意味する。これを**限界代替率逓減の法則**という。このことは，次の式からも証明できる。

$$\frac{d(RTS)}{dL} = -\left.\frac{d^2K}{dL^2}\right|_{X=\overline{X}} = \frac{d}{dL}\left(\frac{F_L}{F_K}\right) = \frac{1}{(F_K)^2}\left[(F_{LL} + F_{LK}\frac{dK}{dL})F_K - F_L(F_{KL} + F_{KK}\frac{dK}{dL})\right]$$

$$= \frac{1}{(F_K)^2}[F_{LL}(F_K)^2 - 2F_L F_K F_{KL} + F_{KK}(F_L)^2] < 0$$

$X = F(L, K) = L^{\frac{1}{3}}K^{\frac{2}{3}}$ のとき $F_{KL} = F_{LK} = \frac{2}{9}L^{-\frac{2}{3}}K^{-\frac{1}{3}} = \frac{2}{9}(\frac{1}{L^2K})^{\frac{1}{3}} > 0$ となるように，一般的に交叉偏微分の値は正の値をとる。

図 3-5

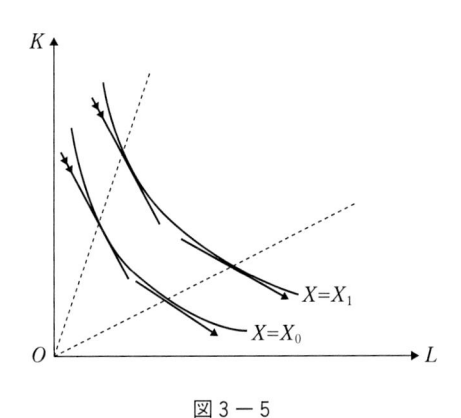

k 次同次関数の偏導関数は，$k-1$ 次同次関数であることから，

$$\frac{F_L(nL, nK)}{F_K(nL, nK)} = \frac{n^{k-1} F_L(L, K)}{n^{k-1} F_K(L, K)} = \frac{F_L(L, K)}{F_K(L, K)}$$

となるので，(L, K) 平面の原点を通る直線上では，等生産量曲線の接線の傾き，すなわち限界代替率は等しい。したがって同次関数の等生産量曲線は図 3-5 のように，すべて原点に対して**相似拡大的**に位置している。このような生産関数を**ホモセティック**な生産関数という。

問題 4 生産関数が $X = 3L^{0.8} K^{0.2}$ で与えられるとき，$L=32$, $K=243$ のときの限界代替率を求めなさい。

（3）利潤の最大化条件

生産要素の価格，すなわち資本の対価である資本レンタルと，労働の対価である賃金をそれぞれ r と w で表すことにする。財の価格を p とすると，この企業の利潤 π は

$$\pi = pX - wL - rK \tag{3-1}$$

で表される。p, r, w はいずれも定数であり，pX はこの企業の総収入，$rK+wL$ は総費用である。

生産関数 $X=F(L, K)$ を（3－1）式に代入して，

$$\pi = pF(L, K) - wL - rK$$

を得る。ここで政策的に選択できるのは L, K であり，それぞれ π を最大とするように独立的に選ぶことができるとすれば，

$$\frac{\partial \pi}{\partial L} = pF_L - w = 0, \quad \frac{\partial \pi}{\partial K} = pF_K - r = 0$$

となる。これは

$$w = pF_L, \quad r = pF_K \tag{3-2}$$

と書き改められ，利潤最大化が達成されているならば，資本および労働の限界生産物の価値が，それぞれ資本レンタルおよび賃金と等しいことを表している。

さらに，技術的限界代替率（RTS）が限界生産物の比（F_L/F_K）だから，（3－2）式より，

$$RTS = \frac{F_L}{F_K} = \frac{w}{r} \tag{3-3}$$

を得る。これは，企業が利潤最大化行動をとっているとき，要素価格すなわち賃金と資本レンタルが与えられたとき，その比 w/r と，限界代替率（RTS）が等しくなるような水準に，労働および資本の投入量が決定されることを意味する。図3－6はそれを図示したものである。

いいかえれば，企業が利潤最大化のための最適生産において，労働・資本をそれぞれどれだけ投入するかは，要素価格比の関数である。a_{LX}, a_{KX} をそれぞれ1単位の X 財の生産に投入される資本および労働量とすると，

$$a_{LX} = a_{LX}(w/r), \quad a_{KX} = a_{KX}(w/r)$$

図 3 − 6

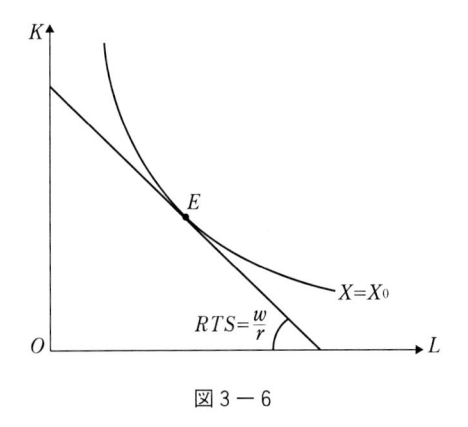

となる。

コブ＝ダグラス型の生産関数の場合には，（3 − 2）式から

$$w = p a \alpha L^{\alpha-1} K^{\beta} = p \frac{\alpha X}{L}, \quad r = p a \beta L^{\alpha} K^{\beta-1} = p \frac{\beta X}{K}$$

となるから，$wL + rK = p(\alpha+\beta)X = pX$ となり，左辺は労働と資本の所得，右辺は生産物の総額であるので，結局完全競争の下では，生産物を販売して得られた収入はすべて労働と資本に配分されていることがわかる。また，その配分比率は，

$$wL : rK = \alpha : \beta = \alpha : (1-\alpha)$$

となり，生産関数の労働 L と資本 K の指数の比となっている。

問題 5 　生産関数が $X = \frac{2}{3} L^{0.2} K^{0.8}$ で与えられるとする。財の価格が 1，賃金が 0.08 であるとき，労働係数 L/X の値を求めなさい。

（4） 1 次同次生産関数と要素価格

生産関数が 1 次同次のときには，要素価格は資本／労働比率，すなわち

K/L の関数であることが知られている。

今，生産関数 $X = F(L, K)$ が1次同次であるので，$nX = F(nL, nK)$ が成り立っている。$n = \frac{1}{L}$ を代入すると，$\frac{X}{L} = F(1, \frac{K}{L})$ となる。ここで1は変数ではないから，関数 $F(\frac{K}{L}, 1)$ は実際には $\frac{K}{L}$ のみの関数だから，$F(1, \frac{K}{L}) \equiv f(\frac{K}{L})$ と定義しよう。したがって $X = Lf(\frac{K}{L})$ となる。

この財の価格 p をここでは1と基準化しよう（p をニュメレールとする）。このとき，資本レンタルは，

$$r = F_K = \frac{\partial X}{\partial K} = Lf'(\frac{K}{L})\frac{1}{L} = f'(\frac{K}{L})$$

となる。また賃金も同様にして，

$$w = F_L = \frac{\partial X}{\partial L} = f(\frac{K}{L}) + Lf'(\frac{K}{L})\{\frac{-K}{L^2}\} = f(\frac{K}{L}) - \frac{K}{L}f'(\frac{K}{L})$$

となる。したがって，資本レンタルと賃金はともに生産要素の投入比率 $\frac{K}{L}$ によって決まることがわかる。

［3］代替の弾力性

代替の弾力性 σ は，生産要素の価格比 w/r が変化したときに，利潤を最大化しようと最適な生産をする企業が，同じだけの生産量を維持するとして，どれくらい生産要素の投入比率 L/K を変化させるかを表す概念である。したがって代替の弾力性 σ は要素価格費の変化率に対する要素投入比の変化率として，以下のように定義される。

$$\sigma = -\frac{d(L/K)/L/K}{d(w/r)/w/r} = \frac{w/r}{L/K}\frac{d(L/K)}{d(w/r)}$$

通常は賃金の（相対的な）上昇は，企業にとって割高となった労働投入量を減らす一方で，資本投入量を増やすであろうから，w/r の上昇は，L/K の下落につながる。よって正の値として σ を定義するために，マイナスがつけられている。

（3－3）式から $RTS = w/r$ であるから,

$$\sigma = -\frac{RTS}{L/K}\frac{d(L/K)}{dRTS} \qquad (3-4)$$

と書き改めることもできる。

例 コブ＝ダグラス型の生産関数 $X = aL^\alpha K^\beta$ の代替の弾力性を計算してみる。まず，限界生産物をもとめると，

$$MP_L = \frac{\partial X}{\partial L} = \alpha a \left(\frac{K}{L}\right)^\beta \text{ および } MP_K = \frac{\partial X}{\partial K} = \beta a \left(\frac{L}{K}\right)^\alpha$$

であるから,

$$RTS = \frac{MP_L}{MP_K} = \frac{\alpha K}{\beta L}$$

となる。これを RTS と $\frac{L}{K}$ で全微分すると,

$$dRTS = \frac{\alpha}{\beta}\left[-\frac{1}{(L/K)^2}\right]d\left(\frac{L}{K}\right)$$

となり,

$$\frac{d(L/K)}{dRTS} = \frac{\beta}{\alpha}\left(-\frac{L}{K}\right)^2$$

が得られる。これを（3－4）式に代入して整理すると，$\sigma = 1$ となる。すなわちコブ＝ダグラス型の生産関数においては，代替の弾力性が 1 である。

コブ＝ダグラス型生産関数以外にも，よく用いられる生産関数に以下のものがある。

$$X = Min\left[\frac{L}{a}, \frac{K}{b}\right] \qquad (3-5)$$

$$X = A(aL + bK) \qquad (3-6)$$

$$X = A\{aL^{-\rho} + bK^{-\rho}\}^{-\frac{1}{\rho}} \qquad (3-7)$$

（3－5）式はレオンチェフ型の生産関数とよばれるものである。この場合，等生産量曲線は，図3－7のようになる。ここでは a, b は1単位の財の生産に必要な労働量と資本量で，生産量や要素価格にかかわらず定数である。労働と資本の投入量の比率が，$L:K=a:b$ と決まっているので，どちらかの生産要素を使い切ってしまうと，もう一方の生産要素が余分にあっても生産量を増やすことはできない。レオンチェフ型の生産関数では生産要素間の代替がきかないわけであるから，代替の弾力性はゼロとなる。

（3－6）式は線形生産関数と呼ばれるものであり，等生産量曲線は図3－8のようになる。⑤とは対照的に資本と労働は $L:K=b:a$ の一定比率で完全に代替でき，$w/r>a/b$ ならば資本のみで生産を行い，$w/r<a/b$ ならば労働のみで生産を行うことが最適である。生産要素は完全に代替されるため，代替の弾力性 σ は無限大となる。

（3－7）式は **CES生産関数** とよばれるものである。CES は constant elasticity of substitution の略で，代替の弾力性 σ が一定という特徴をもち，$\sigma = \dfrac{1}{1+\rho}$ である。実はこの関数はコブ＝ダグラス生産関数，レオンチェフ型生産関数，線形生産関数の一般形であり，それぞれ $\rho=0, \infty, -1$ とおくことで導くことができる（証明は巻末参考文献にあたられたい）。

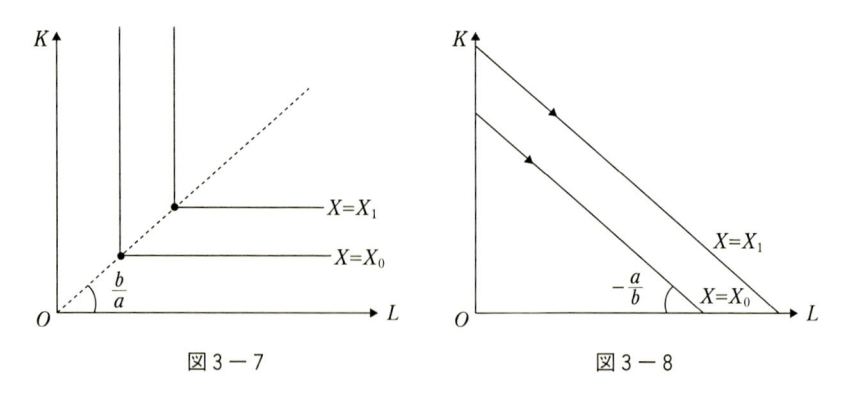

図3－7

図3－8

［4］費用関数
（1）費用曲線
　企業にとって資本と労働の2つの生産要素のうち，状況に応じてその投入量を柔軟に変更できるのは，労働であると考えられる。とりわけ近年では契約社員や期限付き雇用，パートなど正社員以外での雇用形態が進み，ますますその状況は顕著なものとなっている。企業は景気が悪化して生産物があまり売れそうにないときには，生産量を減らすが，その際には非正社員の雇用量を減らすことで対応するのである。他方で機械設備などの資本は，いったん工場に設置すれば，耐用年数の間は使用するのが普通で，頻繁にその投入量は変更できない。

　企業が利潤の最大化行動をとる場合には，実は**短期**的な視点と**長期**的な視点の2つの視点に立って，最適な行動を決断していることになる。短期的な視点とは，変更が比較的容易な労働の投入量だけを最適に調節できる一方で，資本投入量は所与で変更できないと状況判断することである。これに対して長期的視点とは，労働のみならず資本投入量も変更可能として，利潤最大化を考えることである。

　以下では短期の企業行動について考えよう。

　コブ＝ダグラス型の生産関数の場合，資本量 K を一定として労働投入量 L を変化させたとき，L と生産量 X との関係は図3－9のように描かれた。資本量が一定であるために，労働を投入しはじめた当初は労働が希少な要素だったため，生産量が飛躍的に伸びると考えられる。しかし，次第に労働だけが増えても相対的に希少となった資本すなわち機械の前に人だかりができたり，あまった労働が交代で休む時間が増えるだけで，生産量はあまり増加しなくなるだろう。限界生産物（すなわち追加的な1人の雇用が新たに加えることができる生産物の量）は逓減（徐々に減少）するのである。

　これに対して，経済学では図3－10のようなＳ字型生産関数をしばしば仮定する。これは $L>L_0$ では，コブ＝ダグラス型の生産関数同様に，労働の限界生産物が逓減するが，$L<L_0$ では逆に逓増しているグラフである。労働投入

図 3 − 9　　　　　　　　　　図 3 − 10

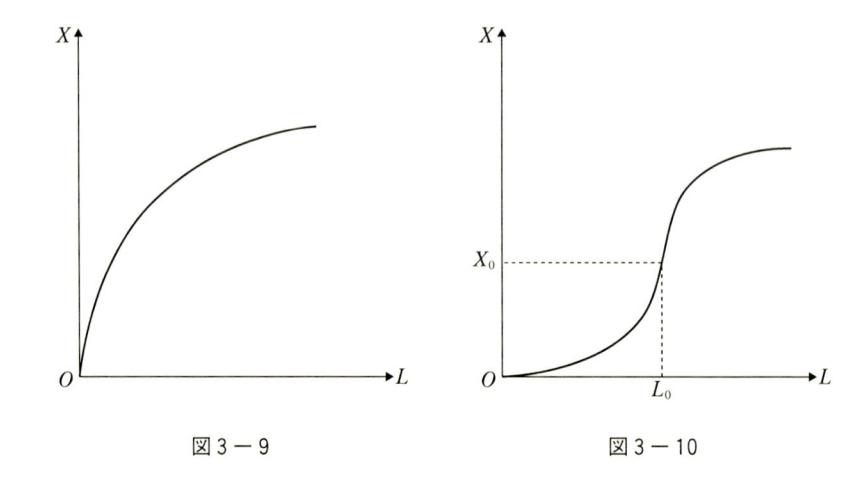

量が少ない $L<L_0$ では，労働者を追加投入していくことで，当初は労働者が少なすぎて困難だった分業などの組織的な生産が可能となり，生産能率が上がるため，限界生産物が逓増しているのである。

　生産関数がＳ字型であるとき，生産量 X とその生産に必要な総費用 TC（または短期総費用 STC）との関係を表した，（短期）総費用関数ないし（短期）**総費用曲線**は図 3 − 11 のように逆Ｓ字型となる。$L=L_0$ のときの生産量 X を X_0 と表そう。

　$X<X_0$ のときには，生産量を１単位増やすために追加投入しなくてはならない労働量は徐々に減っていくので，その間では生産量を１単位増やすために必要な追加的な費用（労働者への賃金支払い）が逓減していく。対照的に $X>X_0$ のときには，生産量を１単位増やすために追加投入しなくてはならない労働量は徐々に増えていくので，その間では生産量を１単位増やすために必要な追加的な費用（労働者への賃金支払い）が逓増していく。

図3－11

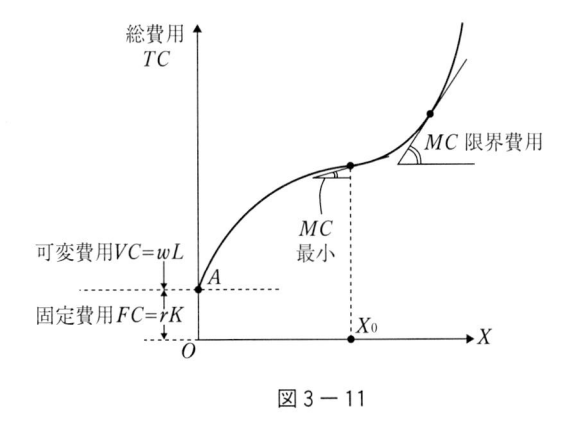

　なお，(短期)総費用曲線は原点からではなく，グラフの A 点からの右上がりの曲線となる。右上がりなのは，生産量を増やすには費用が必ず上昇するからである。また A 点の値は rK であり，資本に支払う費用を表す。短期的に判断された生産量 X がたとえゼロでも，企業が資本に支払うべき資本レンタルの負担はかかってくるからである。グラフ上では OA の長さで表される rK を**固定費用 FC** という。これに対して(短期)総費用から固定費用を除いた，労働に支払われる wL に相当する費用を**可変費用 VC** といい，グラフ上では総費用 TC が A を上回っている部分に相当する。

　生産量を1単位増やすときに追加的に必要となる費用を**限界費用 MC** といい，(短期)総費用曲線の接線の傾き，すなわち微分係数 $\dfrac{dTC(X)}{dX}$ で与えられる。生産量 X と限界費用 MC の関係をグラフに表した限界費用曲線は，図3－12のように，$X=X_0$ で最小値をとる，下に凸の曲線となる。たとえ最小値でも生産量の追加は費用がかかるので，$MC>0$ である。

図3-12

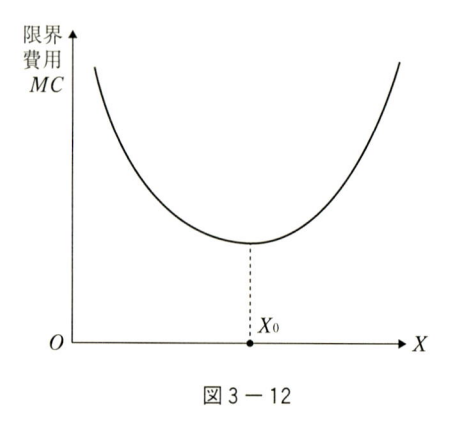

　生産量1単位あたりの費用を**平均費用** AC という。これは $\frac{TC(X)}{X}$ で与えられ、図3-13の原点 O と総費用曲線上の点を結ぶ直線の傾きがそれに該当する。平均費用は $X<X_1$ の範囲では、X の増加にしたがって減少し、$X=X_1$ で最小値をとり、$X>X_1$ では増加していく。グラフから明らかなように、$X_0<X_1$ である。生産量 X と平均費用 AC の関係をグラフに表した平均費用曲線は、図3-14のように、$X=X_1$ で最小値をとる、下に凸の曲線となる。

　ここで注意したいのが、平均費用曲線と限界費用曲線の位置関係である。$X=X_1$ で平均費用は最小値をとり、その値は図3-13の OB_1 の傾きで与えられる。ところが OB_1 は総費用曲線上の点 B_1 で引いた接線でもあるので、その傾きは $X=X_1$ のときの限界費用を意味している。したがって $X=X_1$ では、平均費用（最小値）と限界費用が等しい値となる。図3-14で、$X=X_1$ のとき平均費用曲線と限界費用曲線が点 E で交わっているのはそのためである。

図 3 − 13

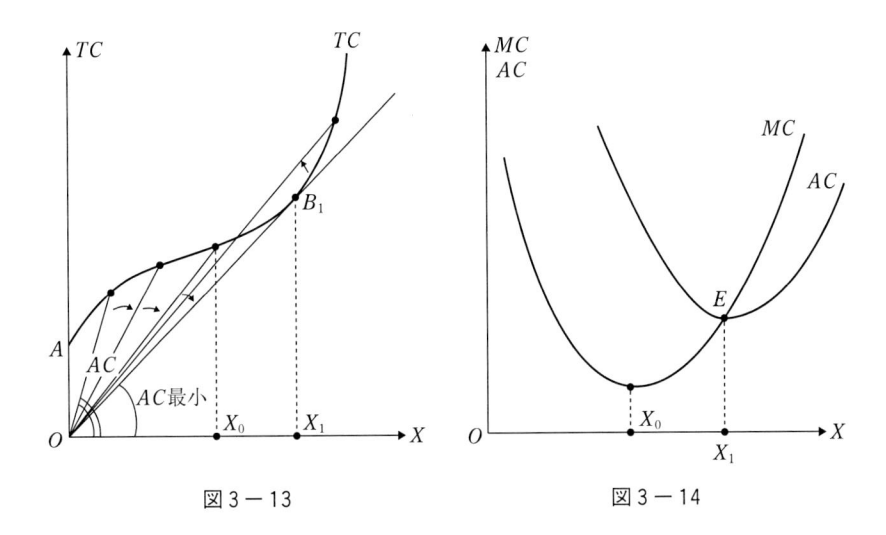

図 3 − 14

　生産量1単位あたりの可変費用を**平均可変費用** AVC という。これは $\dfrac{VC(X)}{X}$ で与えられ，図3−15の A 点と総費用曲線上の点とを結んだ直線の傾きがそれに該当する。平均可変費用は $X<X_2$ の範囲では，X の増加にしたがって減少し，$X=X_2$ で最小値をとり，$X>X_2$ では増加していく。グラフから明らかなように，$X_0<X_2<X_1$ である。生産量 X と平均可変費用 AVC の関係をグラフに表した平均可変費用曲線は，図3−16のように，$X=X_2$ で最小値をとる，下に凸の曲線となる。

　ここで注意したいのが，平均可変費用曲線と平均費用曲線・限界費用曲線との位置関係である。

　まず，第1に，$VC<TC\,(=VC+FC)$ であるから，いかなる生産量 X に対しても，$\dfrac{VC(X)}{X}<\dfrac{TC(X)}{X}$ すなわち $AVC<AC$ である。したがって，平均可変費用曲線は必ず平均費用曲線の下に位置する。ただし厳密には生産量 X が大きくなるにつれて，総費用に占める固定費用の割合は小さくなっていくから，2つの曲線は次第に接近することになる。

図3－15

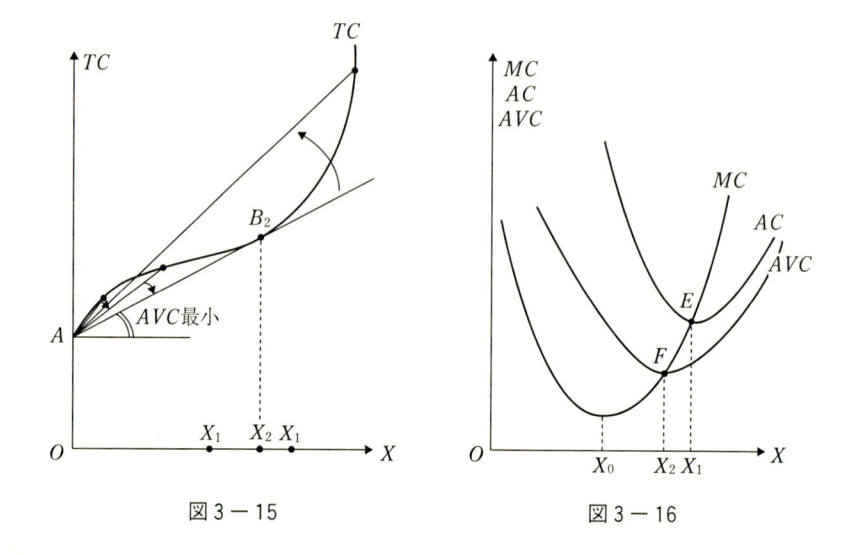

図3－16

第2に，$X=X_2$ で平均可変費用は最小値をとり，その値は図3－15の AB_2 の傾きで与えられる。ところが AB_2 は総費用曲線上の点 B_2 で引いた接線でもあるので，その傾きは $X=X_2$ のときの限界費用を意味している。したがって $X=X_2$ では，平均可変費用（最小値）と限界費用が等しい値となる。図3－16で，$X=X_2$ のとき平均可変費用曲線と限界費用曲線が点 F で交わっているのはそのためである。

（2）利潤と供給曲線

企業は与えられた財価格 p と要素価格 w，r の下で，利潤が最大となるように生産活動をすることは前に述べた。企業の利潤は

$$\pi = pX - rK - wL$$

で与えられるが，このうち pX は価格（単価）に生産量をかけたもので，この企業の**総収入** TR に該当する。生産量 X と総収入 TR の関係は，価格 p が一定であるため，図3－17に示されるように，傾き p の直線のグラフで描かれる。これを**総収入線**という。

図3−17

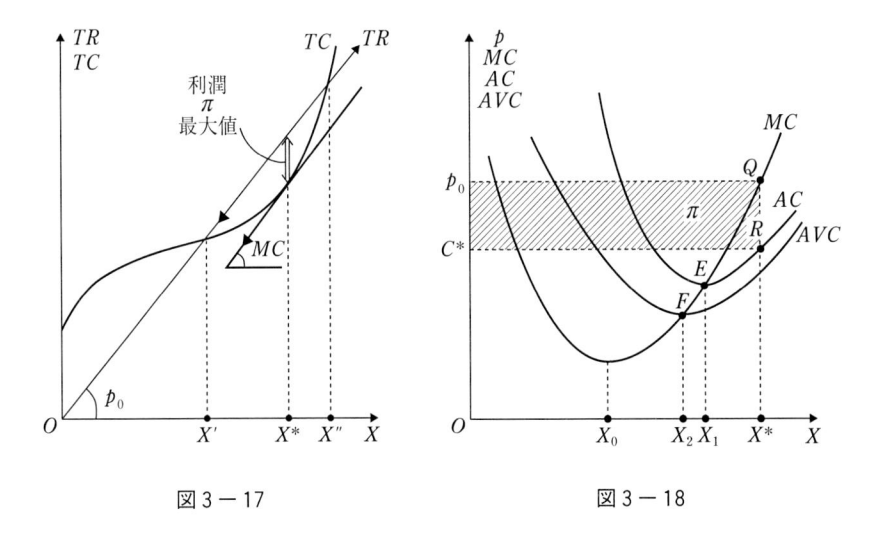

図3−18

　一方で $wL + rK$ は企業の総費用であり，すでに学んだように短期的には資本投入量 K は一定である。生産量 X と（短期）総費用 TC との関係についても，すでに学んだように総費用曲線で描かれる。

　したがって企業の利潤 π については

$$\pi = TR - TC$$

と書き換えることもできる。

　価格が p_0 のケースを描いた図3−17では，生産量が X' から X'' の間では，$TR > TC$ で正の利潤が発生している。しかし，生産量が X' より小さいか，X'' より大きい場合には，$TR < TC$ で利潤は負となる（損失が発生する）。X' から X'' の間の生産量 X に対応する利潤 π は，総収入線と総費用曲線に囲まれて作られる三日月型の図形の上下の幅の長さとなる。

　利潤が最大となるのは，三日月型の図形の上下幅が最も厚くなっているところで生産したときである。それは図3−17で示したように，総費用曲線の接線の傾き，すなわち限界費用 MC と，総収入線の傾き p（この場合は p_0）とが等しくなるような X^* で生産をしたときである。すなわち企業にとっての利潤

最大化のための条件は

　　価格 = 限界費用（$p = MC$）

を満たす水準に生産量を決定することに他ならない。

　限界費用曲線，平均費用曲線および平均可変費用曲線が描かれた図3－18では，利潤最大化行動をとる企業の総収入は $p_0 X^*$ であるから，四角形 $Op_0 Q X^*$ の面積に等しい。総費用は平均費用×生産量で求められるから，生産量が X^* のときの平均費用は図3－18の C^* で与えられるので，結局四角形 $OC^* R X^*$ の面積に等しい。したがって利潤 π は四角形 $C^* p_0 Q R$ の面積に等しくなる。

　今，たとえば消費者の需要が変化するなどして，財の価格 p が下落したケースを考える。総収入線は原点を中心に時計回りに回転するようにシフトし，三日月の面積がそれに伴って縮小してゆく。価格水準 p_1 がになると，図3－19に描かれているように三日月の図形は消滅する。このとき企業は生産量を X_1 にすることで，利潤をゼロにすることが最適である。ここでの総収入線は平均費用の最小値を与える直線 OB_1 と一致していることに注意されたい。価

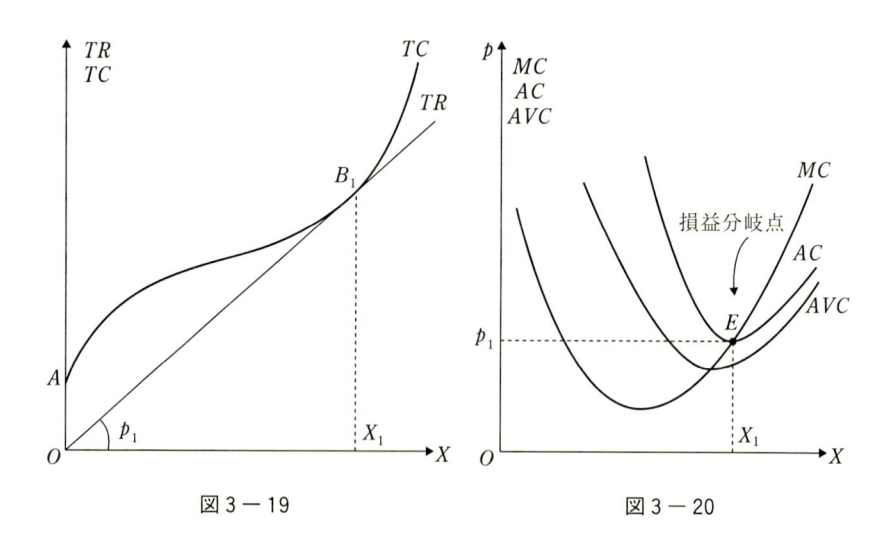

図3－19

図3－20

格水準 p_1 は，企業が正の利潤を得ることができるかどうかのボーダーの値である。この価格を**損益分岐価格**という。しかし，注意しなければならないことは，仮に価格が損益分岐価格を下回ったとしても，企業は直ちには生産活動を停止することはないということである。生産活動の停止は収入ゼロを意味するが，反面生産が停止しても固定費用分の負担は企業にのしかかる。したがって生産活動の停止は固定費用 $FC=rK$ だけの損失である。もし，ある水準の生産を続けることで，損失がたとえ発生しても FC の金額以下であれば，企業は生産を継続するほうが有利である。

図 3－20 でも損益分岐価格 p_1 とそれに対応する生産量 X_1 が示されている。総費用曲線と平均費用曲線の交点 E は，**損益分岐点**とよばれる。

p_1 からさらに価格が下がっても，企業は損失を出しながらも生産を継続していくが，価格が図 3－21 に示した p_2 に下がったところで，生産を継続した場合の最小の損失と，生産をやめたときの損失すなわち固定費用とが，等しくなる。これ以上価格が下がると，企業はもはや生産をやめることが最適行動となる。したがって，p_2 を**操業停止価格**という。

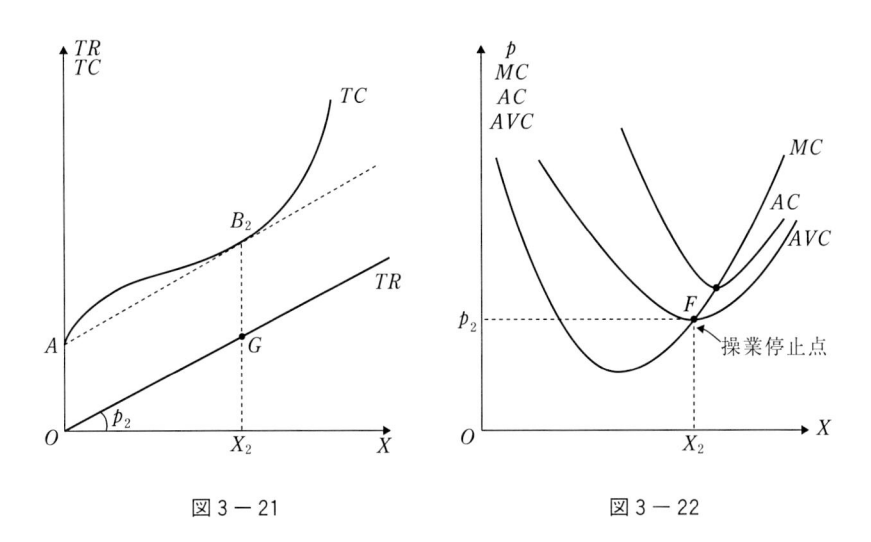

図 3－21

図 3－22

グラフに示されているように，操業停止価格 p_2 は平均可変費用 AVC の最小値すなわち AB_2 の傾きに等しい。四角形 OAB_2G は平行四辺形になっている。

図 3 − 22 でも操業停止価格 p_2 とそれに対応する生産量 X_2 が示されている。総費用曲線と平均可変費用曲線の交点 F は，**操業停止点**とよばれる。

以上から，価格 p が操業停止価格 p_2 を上回っている限り，企業は価格と限界費用とが一致する水準で生産を継続する。したがって，それぞれの価格水準に対応する生産量は，限界費用曲線で与えられる。

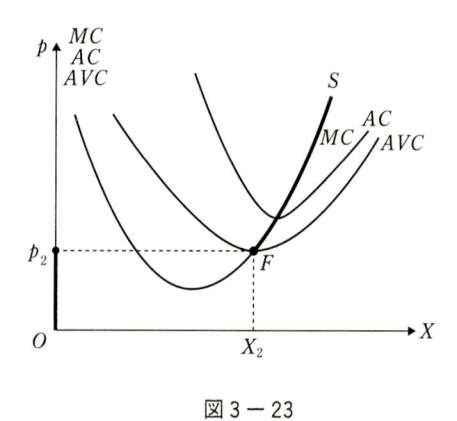

図 3 − 23

これに対して価格 p が操業停止価格 p_2 を下回ったときには，企業の生産量はゼロである。したがって価格とそれに対応する生産量を表す，企業の**供給曲線**は図 3 − 23 のようになり，Op_2 と FS の不連続な線となる。

問題 6 （短期）総費用曲線が $TC = X^3 - 6X^2 + 24X$ で表されるものとする。ただし，X は生産量である。財の価格が 60 ならば，この企業の利潤が最大となる生産量はいくらか。またそのときの利潤を求めなさい。

問題 7 （短期）総費用曲線が $TC = X^3 - 6X^2 + 15X + 30$ で表されるとする。ただし，X は生産量である。この企業の操業停止価格はいくらか。

問題 8 完全競争市場において，ある企業の限界費用が $MC = 3X^2 - 20X + 32$ で表され，かつ固定費用は 72 であったとする。ただし，X は生産量である。この企業の損益分岐価格と操業停止価格を求めなさい。

第4章
行　列

[1] 行列の意味

いくつかの数を1つにまとめた数の組について考えてみよう。

右の表4-1はA，B 2つの駅での，傘，帽子，手荷物の3種類の品物の，4月の忘れ物の個数を示したものである。

	傘	帽子	手荷物
A	6	2	5
B	15	3	9

表4-1　4月の忘れ物

今，この表の中の数値を，同じ配列のまま抜き出し，その両側を括弧で囲んで，

$$\begin{bmatrix} 6 & 2 & 5 \\ 15 & 3 & 9 \end{bmatrix}$$

と書くことにする。

このように，いくつかの数または文字を長方形状に並べ，その両側を括弧で囲んだものを**行列**といい，括弧のなかの数または文字をこの行列の**成分**という。

行列において，成分の横の並びを**行**といい，上から順に第1行，第2行，……という。また，成分の縦の並びを**列**といい，左から順に，第1列，第2列，……という。さらに，行列の第i行と第j列の交点の位置にある成分を，その行列の(i, j)**成分**という。

問題1 行列 $\begin{bmatrix} 4 & 5 \\ 6 & -3 \\ 1 & 2 \end{bmatrix}$ について，次の成分を答えなさい。

(1) $(1, 2)$ 成分

(2) $(2, 2)$ 成分

(3) $(3, 1)$ 成分

第4章 行　列

行の数が m，列の数が n である行列を **$m \times n$ 行列**，または $m \times n$ 型の行列という。とくに，$n \times n$ 行列を n 次の**正方行列**という。

また，$1 \times n$ 行列を n 次の**行ベクトル**，$n \times 1$ 行列を n 次の**列ベクトル**という。

行列は A, B, C などの大文字を用いて表すことが多い。

問題 2 次の行列の型を答えなさい。

(1) $\begin{bmatrix} 3 & 4 & -2 \\ 0 & -3 & 1 \\ 2 & 6 & 0 \end{bmatrix}$ (2) $\begin{bmatrix} 1 & 2 \\ 0 & -3 \\ 4 & 9 \end{bmatrix}$ (3) $\begin{bmatrix} -2 & 4 \end{bmatrix}$

2つの行列 A, B が同じ型の行列であって，その対応する成分がそれぞれ等しいとき，A と B は等しいといい，$A=B$ と表す。

たとえば2次の正方行列の場合は，次のようになる。

$$\begin{bmatrix} a & b \\ c & d \end{bmatrix} = \begin{bmatrix} p & q \\ r & s \end{bmatrix} \Leftrightarrow a=p,\ b=q,\ c=r,\ d=s$$

問題 3 次の式を満たす a, b, c, d の値を求めなさい。

(1) $\begin{bmatrix} 2 & b \\ a & 0 \\ -3 & 4 \end{bmatrix} = \begin{bmatrix} 2 & 3 \\ 5 & 0 \\ c & d \end{bmatrix}$ (2) $\begin{bmatrix} 5 & 3a \\ 2b & -1 \end{bmatrix} = \begin{bmatrix} c+d & -6 \\ -8 & c-d \end{bmatrix}$

［２］行列の加法・減法と実数倍

（１）行列の加法

A，B ２つの駅の５月の忘れ物は，下の表４－２のとおりであったとする。このとき，２つの駅での２か月間の忘れ物の総数は，下の表４－３のようになる。

	傘	帽子	手荷物
A	7	4	2
B	9	3	4

表４－２　５月の忘れ物

	傘	帽子	手荷物
A	13	6	7
B	24	6	13

表４－３　４月＋５月の忘れ物

これらを行列にして考えると，次のような計算をしたものとみなすことができる。

$$\begin{bmatrix} 6 & 2 & 5 \\ 15 & 3 & 9 \end{bmatrix} + \begin{bmatrix} 7 & 4 & 2 \\ 9 & 3 & 4 \end{bmatrix} = \begin{bmatrix} 13 & 6 & 7 \\ 24 & 6 & 13 \end{bmatrix}$$

一般に，同じ型の２つの行列 A, B の対応する成分の和をそれぞれ成分とする行列を，行列 A と B の和といい，$A+B$ と表す。

２次の正方行列の和は，次のようになる。

$$\begin{bmatrix} a & b \\ c & d \end{bmatrix} + \begin{bmatrix} p & q \\ r & s \end{bmatrix} = \begin{bmatrix} a+p & b+q \\ c+r & d+s \end{bmatrix}$$

問題 4 次の計算をしなさい。

(1) $\begin{bmatrix} 3 & -2 \\ 2 & 4 \end{bmatrix} + \begin{bmatrix} -1 & 5 \\ 1 & 2 \end{bmatrix}$

(2) $\begin{bmatrix} 1 & 7 & -3 \\ 0 & 2 & 4 \\ 4 & 8 & -2 \end{bmatrix} + \begin{bmatrix} -2 & 6 & 0 \\ 3 & 5 & 1 \\ -2 & 4 & 2 \end{bmatrix}$

数やベクトルの加法と同様に，同じ型の行列の加法については，次のことが成り立つ。

行列の加法の性質

交換法則 $A+B=B+A$

結合法則 $(A+B)+C=A+(B+C)$

$\begin{bmatrix} 0 & 0 \\ 0 & 0 \end{bmatrix}, \begin{bmatrix} 0 & 0 & 0 \\ 0 & 0 & 0 \end{bmatrix}$ のように，すべての成分が0であるような行列を**零行列**といい，O で表す。これは数の0にあたるもので，行列 A と零行列が同じ型であるとき，次のことが成り立つ。

$$A+O=O+A=A$$

（2）行列の減法

同じ型の行列 A, B について，$B+X=A$ となる行列 X を，A から B を引いた差といい，$A-B$ と表す。$A-B$ は A の各成分から対応する B の各成分を引いた差を成分とする行列となる。

2次の正方行列では，次のようになる。

$$\begin{bmatrix} a & b \\ c & d \end{bmatrix} - \begin{bmatrix} p & q \\ r & s \end{bmatrix} = \begin{bmatrix} a-p & b-q \\ c-r & d-s \end{bmatrix}$$

問題 5 次の計算をしなさい。

(1) $\begin{bmatrix} 4 & 2 \\ 0 & 1 \end{bmatrix} - \begin{bmatrix} 1 & -1 \\ 2 & 3 \end{bmatrix}$ (2) $\begin{bmatrix} -3 & 2 & 0 \\ 4 & -2 & 1 \\ 5 & 0 & -3 \end{bmatrix} - \begin{bmatrix} 5 & 1 & 3 \\ 0 & -4 & -1 \\ 2 & 4 & 0 \end{bmatrix}$

行列 A の各成分の符号を変えたものを成分とする行列を $-A$ と表す。すなわち，

$A = \begin{bmatrix} a & b \\ c & d \end{bmatrix}$ のとき，$-A = \begin{bmatrix} -a & -b \\ -c & -d \end{bmatrix}$ である。

同じ型の行列 A, B について，次の式が成り立つ。

$A + (-B) = A - B$

（3）行列の実数倍

k を実数とするとき，行列 A の各成分を k 倍して得られる行列を A の k 倍といい，kA と表す。

2次の正方行列では，次のようになる。

$k \begin{bmatrix} a & b \\ c & d \end{bmatrix} = \begin{bmatrix} ka & kb \\ kc & kd \end{bmatrix}$

行列の実数倍については，次のことが成り立つ。

行列の実数倍の性質

結合法則　$h(kA) = (hk)A$

分配法則　$(h+k)A = hA + kA$

分配法則　$k(A+B) = kA + kB$

問題 6 次の計算をしなさい。

(1) $-3\begin{bmatrix} 2 & 3 \\ -1 & 4 \end{bmatrix} + 2\begin{bmatrix} 0 & 2 \\ 3 & -1 \end{bmatrix}$

(2) $4\begin{bmatrix} 3 & 0 & 2 \\ -2 & 5 & -1 \end{bmatrix} - 3\begin{bmatrix} -1 & 5 & 2 \\ -3 & -4 & 0 \end{bmatrix}$

問題 7 $A = \begin{bmatrix} 1 & 2 \\ 3 & -4 \end{bmatrix}$, $B = \begin{bmatrix} -5 & 3 \\ -2 & 1 \end{bmatrix}$ に対して，$2A-3X=4B$ を満たす行列 X を求めなさい。

[3] 行列の乗法

落とし主の現れない駅での忘れ物を，傘は100円，帽子は200円，手荷物は400円で一律に処分販売することにした。このとき，4月のA駅での売り上げは，

$$6 \times 100 + 2 \times 200 + 5 \times 400 = 3000$$

と計算できるが，この計算を行ベクトルと列ベクトルを用いて，次のように表すことにする。

$$\begin{bmatrix} 6 & 2 & 5 \end{bmatrix} \begin{bmatrix} 100 \\ 200 \\ 400 \end{bmatrix} = 6 \times 100 + 2 \times 200 + 5 \times 400$$

同様に考えて，B駅での売り上げは，次のように表される。

$$\begin{bmatrix} 15 & 3 & 9 \end{bmatrix} \begin{bmatrix} 100 \\ 200 \\ 400 \end{bmatrix} = 15 \times 100 + 3 \times 200 + 9 \times 400$$

これら2つの等式はまとめて，次のように表される。

$$\begin{bmatrix} 6 & 2 & 5 \\ 15 & 3 & 9 \end{bmatrix} \begin{bmatrix} 100 \\ 200 \\ 400 \end{bmatrix} = \begin{bmatrix} 6\times100+2\times200+5\times400 \\ 15\times100+3\times200+9\times400 \end{bmatrix}$$

一般に，$m\times n$ 行列と n 次の列ベクトルの積を，次と同じ要領で定める。

$$\begin{bmatrix} a_1 & a_2 & a_3 \\ b_1 & b_2 & b_3 \end{bmatrix} \begin{bmatrix} p_1 \\ p_2 \\ p_3 \end{bmatrix} = \begin{bmatrix} a_1 p_1 + a_2 p_2 + a_3 p_3 \\ b_1 p_1 + b_2 p_2 + b_3 p_3 \end{bmatrix}$$

問題 8 次の計算をしなさい。

(1) $\begin{bmatrix} 3 & -1 & 2 \\ 0 & 2 & 4 \end{bmatrix} \begin{bmatrix} 3 \\ 1 \\ 2 \end{bmatrix}$ (2) $\begin{bmatrix} 4 & 3 \\ -2 & 1 \end{bmatrix} \begin{bmatrix} 3 \\ 1 \end{bmatrix}$

さらに，行列と行列の乗法を考えよう。行列 A と行列 B の積を AB と表す。

これまでの議論から，$l\times m$ 行列と $m\times n$ 行列の積は，次と同じ要領で定められ，その積は $l\times n$ 行列となる。

$$\begin{bmatrix} a_1 & a_2 & a_3 \\ b_1 & b_2 & b_3 \end{bmatrix} \begin{bmatrix} p_1 & q_1 & r_1 \\ p_2 & q_2 & r_2 \\ p_3 & q_3 & r_3 \end{bmatrix}$$
$$= \begin{bmatrix} a_1 p_1 + a_2 p_2 + a_3 p_3 & a_1 q_1 + a_2 q_2 + a_3 q_3 & a_1 r_1 + a_2 r_2 + a_3 r_3 \\ b_1 p_1 + b_2 p_2 + b_3 p_3 & b_1 q_1 + b_2 q_2 + b_3 q_3 & b_1 r_1 + b_2 r_2 + b_3 r_3 \end{bmatrix}$$

一般に，積 AB は，行列 A の列の数と行列 B の行の数が一致しているときだけ定義することができる。

問題 9

次の計算をせよ。

(1) $\begin{bmatrix} 3 & -2 \\ 1 & 4 \end{bmatrix}\begin{bmatrix} 1 & 2 \\ 2 & 5 \end{bmatrix}$ (2) $\begin{bmatrix} 3 & 2 & -1 \\ 0 & 1 & 2 \\ 1 & 0 & -2 \end{bmatrix}\begin{bmatrix} 1 & 2 & 1 \\ 3 & 0 & 2 \\ -1 & 1 & 0 \end{bmatrix}$

(3) $\begin{bmatrix} 4 & -3 \\ 0 & 2 \\ 3 & 1 \end{bmatrix}\begin{bmatrix} 6 & 0 & -2 \\ 3 & 2 & 1 \end{bmatrix}$

[4] 行列の乗法の性質

行列の乗法の性質を，数の場合と比較して考えてみよう。行列の乗法が計算できるときには，次のことが成り立つ。

行列の乗法の性質

k を実数とするとき　$(kA)B = A(kB) = k(AB)$

結合法則　$(AB)C = A(BC)$

分配法則　$(A+B)C = AC + BC$

　　　　$C(A+B) = CA + CB$

行列の乗法について結合法則が成り立つことから，$A(BC)$，$(AB)C$ を単に ABC と表す。

問題 10

$A = \begin{bmatrix} 3 & -1 \\ -2 & 4 \end{bmatrix}$, $B = \begin{bmatrix} 2 & 0 \\ 3 & 1 \end{bmatrix}$, $C = \begin{bmatrix} -2 & 4 \\ 1 & -3 \end{bmatrix}$ であるとき，$2AC + BC$ を計算しなさい。

行列 $\begin{bmatrix} 1 & 0 \\ 0 & 1 \end{bmatrix}$, $\begin{bmatrix} 1 & 0 & 0 \\ 0 & 1 & 0 \\ 0 & 0 & 1 \end{bmatrix}$ のように，対角線上の $(1, 1)$ 成分，$(2, 2)$ 成分，……がすべて1で，他の成分は0である n 次の正方行列を，n 次の**単位行列**といい，E で表す。n 次の単位行列は，数の1と同じような性質を持ち，n 次の正方行列 A に対して

$$AE = EA = A$$

が成り立つ。

また，n 次の正方行列である**零行列** O は，数の0と同じような性質をもち，n 次の正方行列 A に対して，

$$AO = OA = O$$

が成り立つ。

正方行列 A を n 個掛け合わせた積を A^n と表し，A の n 乗という。

問題 11 $A = \begin{bmatrix} 2 & 1 \\ -3 & -2 \end{bmatrix}$ のとき，A^{15} を求めなさい。

数の計算では「$ab=0$ ならば $a=0$ または $b=0$」であるが，行列については「$AB = O$ ならば $A = O$ または $B = O$」は一般には成り立たない。たとえば，$A = \begin{bmatrix} 1 & -2 \\ 3 & -6 \end{bmatrix}$, $B = \begin{bmatrix} 2 & 4 \\ 1 & 2 \end{bmatrix}$ とすると，$A \neq O, B \neq O$ であるにもかかわらず，$AB = \begin{bmatrix} 0 & 0 \\ 0 & 0 \end{bmatrix}$ となる。

また，行列の乗法では，交換法則 $AB = BA$ は成り立たない。たとえば，

$A = \begin{bmatrix} 0 & 1 \\ 2 & 3 \end{bmatrix}$, $B = \begin{bmatrix} 0 & 3 \\ 1 & 2 \end{bmatrix}$ のとき，$AB = \begin{bmatrix} 1 & 2 \\ 3 & 12 \end{bmatrix}$, $BA = \begin{bmatrix} 6 & 9 \\ 4 & 7 \end{bmatrix}$ であるから，

$AB \neq BA$ である。

[5] 逆行列

数 a の逆数とは，$ab = ba = 1$ を満たす数 b のことであった。正方行列 A と単位行列 E に対して $AB = BA = E$ を満たす正方行列 B があるとき，B を A の**逆行列**といい，A^{-1} で表す。逆行列をもつ行列を**正則行列**という。

ここでは 2 次の正方行列 $A = \begin{bmatrix} a & b \\ c & d \end{bmatrix}$ の逆行列を求めてみよう。

$AB = E$ を満たす行列 B があるとして，$B = \begin{bmatrix} x & y \\ u & v \end{bmatrix}$ とおくと，

$\begin{bmatrix} a & b \\ c & d \end{bmatrix} \begin{bmatrix} x & y \\ u & v \end{bmatrix} = \begin{bmatrix} 1 & 0 \\ 0 & 1 \end{bmatrix}$ であるから，(A) $\begin{cases} ax + bu = 1 \\ cx + du = 0 \\ ay + bv = 0 \\ cy + dv = 1 \end{cases}$ となる。

たとえば(A)の第 1 式 $\times d$ − 第 2 式 $\times b$ から，次の(B)の第 1 式が求められるように，(A)を変形することで，(B) $\begin{cases} (ad - bc)x = d \\ (ad - bc)u = -c \\ (ad - bc)y = -b \\ (ad - bc)v = a \end{cases}$ が得られる。

ここで $\Delta \equiv ad - bc$ と定義しよう。

① $\Delta \neq 0$ のとき，$x = \dfrac{d}{\Delta}$, $y = -\dfrac{b}{\Delta}$, $u = -\dfrac{c}{\Delta}$, $v = \dfrac{a}{\Delta}$, だから，

$A^{-1} = B = \dfrac{1}{\Delta} \begin{bmatrix} d & -b \\ -c & a \end{bmatrix}$ となる。

② $\Delta=0$ のとき，(B) から $a=b=c=d=0$ となる。このとき，(A) の第1式と第4式を満たす x, y, u, v は存在しない。ゆえにこの場合には A の逆行列は存在しない。

ここで定義した Δ を**行列式**といい，$|A|$, $\det A$, あるいは $\begin{vmatrix} a & b \\ c & d \end{vmatrix}$ と表すこともある。

問題 12 次の行列が逆行列をもてば，それを求めなさい。

(1) $\begin{bmatrix} 4 & 2 \\ 5 & 3 \end{bmatrix}$ (2) $\begin{bmatrix} 2 & -6 \\ -1 & 3 \end{bmatrix}$ (3) $\begin{bmatrix} -2 & -3 \\ 3 & 4 \end{bmatrix}$

問題 13 行列 A, B が逆行列 A^{-1}, B^{-1} をもつとき，$(AB)^{-1}=B^{-1}A^{-1}$ であることを示しなさい。

問題 14 行列 A が逆行列 A^{-1} をもつとき，$(kA)^{-1}=\dfrac{1}{k}A^{-1}$ であることを示しなさい。

問題 15 $A=\begin{bmatrix} 2 & -1 \\ -5 & 3 \end{bmatrix}$, $B=\begin{bmatrix} 1 & 0 \\ -3 & 2 \end{bmatrix}$ のとき，次の等式を満たす2次の正方行列 X, Y を求めなさい。

(1) $AX=B$
(2) $YA=B$

[6] 連立1次方程式と行列

行列を用いて連立1次方程式を表したり，解いたりすることができる。

連立1次方程式 $\begin{cases} 2x+y+3z=2 \\ x-2y-4z=4 \\ 3x+5z=1 \end{cases}$ に対して，文字 x, y, z の係数をそのまま並べた行列 $\begin{bmatrix} 2 & 1 & 3 \\ 1 & -2 & -4 \\ 3 & 0 & 5 \end{bmatrix}$ をつくると，$\begin{bmatrix} 2 & 1 & 3 \\ 1 & -2 & -4 \\ 3 & 0 & 5 \end{bmatrix} \begin{bmatrix} x \\ y \\ z \end{bmatrix} = \begin{bmatrix} 2x+y+3z \\ x-2y-4z \\ 3x+5z \end{bmatrix}$ であるから，元の連立1次方程式は行列を用いて，次のように表すことができる。

$$\begin{bmatrix} 2 & 1 & 3 \\ 1 & -2 & -4 \\ 3 & 0 & 5 \end{bmatrix} \begin{bmatrix} x \\ y \\ z \end{bmatrix} = \begin{bmatrix} 2 \\ 4 \\ 1 \end{bmatrix}$$

連立1次方程式 $\begin{cases} ax+by=p \\ cx+dy=q \end{cases}$ は，$A = \begin{bmatrix} a & b \\ c & d \end{bmatrix}$, $X = \begin{bmatrix} x \\ y \end{bmatrix}$, $P = \begin{bmatrix} p \\ q \end{bmatrix}$ とおくと $AX=P$ と表せる。

A が逆行列 A^{-1} をもつときは，両辺に左から A^{-1} を掛けて $A^{-1}AX=A^{-1}P$ ゆえに $X=A^{-1}P$ である。別の書き方をすれば，$\begin{bmatrix} x \\ y \end{bmatrix} = \frac{1}{\Delta} \begin{bmatrix} d & -b \\ -c & a \end{bmatrix} \begin{bmatrix} p \\ q \end{bmatrix}$

すなわち $\begin{cases} x = \dfrac{1}{ad-bc}(dp-bq) \\ y = \dfrac{1}{ad-bc}(-cp+aq) \end{cases}$ である。

問題 16 以下の連立1次方程式を，行列を用いて解きなさい。

(1) $\begin{cases} 2x-y=9 \\ 3x+5y=7 \end{cases}$ (2) $\begin{cases} 2x+5y=-1 \\ x+3y=-1 \end{cases}$ (3) $\begin{cases} ax-y=0 \\ x+ay=1 \end{cases}$

連立 1 次方程式 $\begin{cases} ax+by=p \\ cx+dy=q \end{cases}$ の解について，行列 $A = \begin{bmatrix} a & b \\ c & d \end{bmatrix}$ の逆行列がない場合を考えよう。このとき $ad-bc=0$ である。これは，連立 1 次方程式の 2 つの式を (x, y) 平面に描いたときにできる 2 本の直線が，重なるか平行の場合に該当する。

第 1 に重なる場合とは，$c \neq 0, d \neq 0, q \neq 0$ ならば $\dfrac{a}{c} = \dfrac{b}{d} = \dfrac{p}{q}$ であることを意味する。このとき明らかに $ad-bc=0$ である。$c=0$ ならば第 2 式は $dy=q$ であるから，第 1 式でも $a=0$ でなければならず，やはり $ad-bc=0$ である。同様にして $d=0, q=0$ の場合についても言える。このとき連立方程式の解は重なった直線上の点すべてとなり，無数に存在する。

第 2 に平行な場合とは，$c \neq 0, d \neq 0, q \neq 0$ ならば $\dfrac{a}{c} = \dfrac{b}{d} \neq \dfrac{p}{q}$ であることを意味する。やはり明らかに $ad-bc=0$ である。$c=0$ ならば第 2 式は $dy=q$ であるから，第 1 式でも $a=0$ でなければならず，やはり $ad-bc=0$ である。同様にして $d=0, q=0$ の場合についても言える。このとき 2 つの直線に交点はないから，連立方程式の解は存在しない。

逆に $ad-bc \neq 0$ ならば，$b \neq 0, d \neq 0$ のときには，2 つの直線の傾きの絶対値は $\dfrac{a}{b} \neq \dfrac{c}{d}$ だから等しくないので，これらの直線は必ず 1 点で交わる。$b=0$ のときには，$ad-bc \neq 0$ より $a \neq 0$ かつ $c \neq 0$ である。よって，第 1 式は y 軸に平行な直線となるのに対して，第 2 式はそうはならないから，やはり 2 つの直線は必ず 1 点で交わる。同様にして $d=0$ の場合も説明できる。

よって，

「連立 1 次方程式 $\begin{cases} ax+by=p \\ cx+dy=q \end{cases}$ がただ 1 つの解をもつ

$\Leftrightarrow$ 行列 $A = \begin{bmatrix} a & b \\ c & d \end{bmatrix}$ の行列式 $\Delta = ad-bc \neq 0$」

である。

[7] 消去法による連立1次方程式の解法

連立1次方程式の係数と定数項を取り出して作る行列を考え，式を変形して方程式を解く過程が，行列ではどのように表されることになるかを考えよう。

例 $\begin{cases} x-3y=4 \\ 2x-7y=9 \end{cases} \underset{1}{\Rightarrow} \begin{cases} 2x-7y=9 \\ x-3y=4 \end{cases} \underset{2}{\Rightarrow} \begin{cases} 2x-7y=9 \\ 2x-6y=8 \end{cases} \underset{3}{\Rightarrow} \begin{cases} 2x-7y=9 \\ -y=1 \end{cases}$

$\underset{4}{\Rightarrow} \begin{cases} 2x-7y=9 \\ 7y=-7 \end{cases} \underset{5}{\Rightarrow} \begin{cases} 2x=2 \\ 7y=-7 \end{cases} \underset{6}{\Rightarrow} \begin{cases} x=1 \\ y=-1 \end{cases}$

上の例の矢印の1では2つの式を入れかえており，矢印の2，4，6ではある式の両辺に0でない数を乗じている。また，矢印の3と5では，一方の式を他方の式に加えている（一方の式から他方の式を引くことも同じ）。これらの操作を行っても，連立1次方程式の解は変わらない性質を利用している。

これを行列で表現してみよう。

$\begin{bmatrix} 1 & -3 & 4 \\ 2 & -7 & 9 \end{bmatrix} \underset{1}{\Rightarrow} \begin{bmatrix} 2 & -7 & 9 \\ 1 & -3 & 4 \end{bmatrix} \underset{2}{\Rightarrow} \begin{bmatrix} 2 & -7 & 9 \\ 2 & -6 & 8 \end{bmatrix} \underset{3}{\Rightarrow} \begin{bmatrix} 2 & -7 & 9 \\ 0 & -1 & 1 \end{bmatrix}$

$\underset{4}{\Rightarrow} \begin{bmatrix} 2 & -7 & 9 \\ 0 & 7 & -7 \end{bmatrix} \underset{5}{\Rightarrow} \begin{bmatrix} 2 & 0 & 2 \\ 0 & 7 & -7 \end{bmatrix} \underset{6}{\Rightarrow} \begin{bmatrix} 1 & 0 & 1 \\ 0 & 1 & -1 \end{bmatrix}$

前述の例の矢印の1では①<u>2つの行を入れかえて</u>おり，矢印の2，4，6では②<u>ある行の両辺に0でない数を乗じ</u>ている。また矢印の3と5では，③<u>一方の行を他方の行に加えて</u>いる（一方の行から他方の行を引くことも同じ）。①②③を行列の**基本変形**という。行列の基本変形を用いて連立1次方程式を解く方法を，**消去法**あるいは**掃き出し法**という。

> 例　消去法により，次の連立1次方程式を解け。

$$\begin{cases} 4x+3y+2z=4 \\ 2x-y-2z=2 \\ x+5y+6z=3 \end{cases}$$

<解答>　$\begin{bmatrix} 4 & 3 & 2 & 4 \\ 2 & -1 & -2 & 2 \\ 1 & 5 & 6 & 3 \end{bmatrix} \underset{\frac{1}{4}L1}{\Rightarrow} \begin{bmatrix} 1 & 3/4 & 1/2 & 1 \\ 2 & -1 & -2 & 2 \\ 1 & 5 & 6 & 3 \end{bmatrix} \underset{\substack{L2-2L1 \\ L3-L1}}{\Rightarrow} \begin{bmatrix} 1 & 3/4 & 1/2 & 1 \\ 0 & -5/2 & -3 & 0 \\ 0 & 17/4 & 11/2 & 2 \end{bmatrix}$

$\underset{-\frac{2}{5}L2}{\Rightarrow} \begin{bmatrix} 1 & 3/4 & 1/2 & 1 \\ 0 & 1 & 6/5 & 0 \\ 0 & 17/4 & 11/2 & 2 \end{bmatrix} \underset{\substack{L1-\frac{3}{4}L2 \\ L3-\frac{17}{4}L2}}{\Rightarrow} \begin{bmatrix} 1 & 0 & -2/5 & 1 \\ 0 & 1 & 6/5 & 0 \\ 0 & 0 & 2/5 & 2 \end{bmatrix}$

$\underset{\frac{5}{2}L3}{\Rightarrow} \begin{bmatrix} 1 & 0 & -2/5 & 1 \\ 0 & 1 & 6/5 & 0 \\ 0 & 0 & 1 & 5 \end{bmatrix} \underset{\substack{L1+\frac{2}{5}L3 \\ L2-\frac{6}{5}L3}}{\Rightarrow} \begin{bmatrix} 1 & 0 & 0 & 3 \\ 0 & 1 & 0 & -6 \\ 0 & 0 & 1 & 5 \end{bmatrix}$　　答　$\begin{cases} x=3 \\ y=-6 \\ z=5 \end{cases}$

問題17　消去法により，次の連立方程式を解きなさい。

(1) $\begin{cases} 3x-2y+4z=19 \\ 5x+y-z=0 \\ x+5y+4z=3 \end{cases}$　　(2) $\begin{cases} x+2y+z=1 \\ x-4y+3z=7 \\ 2x+y+3z=3 \end{cases}$

　正方行列について，$AX=E$ となる行列 X は A の逆行列であるから，$AX=E$ を行列の基本変形により $EX=Y$ の形にできれば，$Y=A^{-1}$ となる。

> 例　$A=\begin{bmatrix} 3 & 4 \\ 1 & 2 \end{bmatrix}$ の逆行列は，$\begin{bmatrix} 3 & 4 & 1 & 0 \\ 1 & 2 & 0 & 1 \end{bmatrix}$ を基本変形により
>
> $\begin{bmatrix} 1 & 0 & p & q \\ 0 & 1 & r & s \end{bmatrix}$ と変形して得られる $\begin{bmatrix} p & q \\ r & s \end{bmatrix}$ である。

$$\begin{bmatrix} 3 & 4 & 1 & 0 \\ 1 & 2 & 0 & 1 \end{bmatrix} \underset{L1\leftrightarrow L2}{\Rightarrow} \begin{bmatrix} 1 & 2 & 0 & 1 \\ 3 & 4 & 1 & 0 \end{bmatrix} \underset{L2-3L1}{\Rightarrow} \begin{bmatrix} 1 & 2 & 0 & 1 \\ 0 & -2 & 1 & -3 \end{bmatrix}$$

$$\underset{-\frac{1}{2}L2}{\Rightarrow} \begin{bmatrix} 1 & 2 & 0 & 1 \\ 0 & 1 & -1/2 & 3/2 \end{bmatrix} \underset{L1-2L2}{\Rightarrow} \begin{bmatrix} 1 & 0 & 1 & -2 \\ 0 & 1 & -1/2 & 3/2 \end{bmatrix}$$

答 $A^{-1} = \begin{bmatrix} 1 & -2 \\ -1/2 & 3/2 \end{bmatrix}$

問題 18 消去法により，次の行列の逆行列の有無を調べ，あればそれを求めなさい。

(1) $\begin{bmatrix} 1 & 2 \\ 3 & 5 \end{bmatrix}$ (2) $\begin{bmatrix} 5 & 3 \\ 4 & 2 \end{bmatrix}$ (3) $\begin{bmatrix} 3 & -4 & 1 \\ 1 & -3 & -1 \\ 2 & -1 & -1 \end{bmatrix}$ (4) $\begin{bmatrix} 4 & 4 & 1 \\ 3 & 2 & 4 \\ 1 & 2 & -3 \end{bmatrix}$

[8] 転置行列

行列 A の行ベクトルを列ベクトルに変えた行列を**転置行列**といい，${}^t\!A$ と表す。たとえば，$A = \begin{bmatrix} a & d & g \\ b & e & h \\ c & f & i \end{bmatrix}$ のとき，${}^t\!A = \begin{bmatrix} a & b & c \\ d & e & f \\ g & h & i \end{bmatrix}$ である。つまり ${}^t\!A$ の (i, j) 成分は A の (j, i) 成分となる。

行列 A が列ベクトル u を列ベクトル w に対応させるとき，すなわち

$Au = w$

のとき，A の転置行列 ${}^t\!A$ は u と同じ成分の行ベクトル u' を，w と同じ成分の行ベクトル w' に対応させる。すなわち

$u'\,{}^t\!A = w'$

である。

問題 19 $A = \begin{bmatrix} a & d & g \\ b & e & h \\ c & f & k \end{bmatrix}$, $u = \begin{bmatrix} x \\ y \\ z \end{bmatrix}$ のとき，上の関係を確かめなさい。

転置行列には以下の性質がある。

① ${}^t({}^tA) = A$
② ${}^t(A+B) = {}^tA + {}^tB$
③ ${}^t(kA) = k{}^tA$
④ ${}^t(AB) = {}^tB{}^tA$

とくに ${}^tA = A$ が成り立っている行列は，**対称行列**という。たとえば，

$A = \begin{bmatrix} a & b & c \\ b & d & e \\ c & e & f \end{bmatrix}$ のような行列である。

［9］行列式の発展学習

（1）n 次の正方行列の行列式

2次の正方行列 $A = \begin{bmatrix} a & b \\ c & d \end{bmatrix}$ の行列式については，$\det A = ad - bc$ であることをすでに学んだ。この節では3次以上の正方行列の行列式について学習する。

3次の正方行列 $A = \begin{bmatrix} a & d & g \\ b & e & h \\ c & f & k \end{bmatrix}$ の行列式は，

$\det A = aek + dhc + gbf - gec - bdk - ahf$

となることが知られており，その結果は**サラスの法則**とよばれる。左上から右下に順に3つかけ合わせたもの（aek, dhc, gbf）をプラス，右上から左下にか

け合わせたもの（gec, bdk, ahf）をマイナスの符号をつけて合計する方法で，便利であるが 4 次以上の正方行列の行列式を求めるときには使えない。サラスの法則は図 4 - 1 のように覚えるとよい。

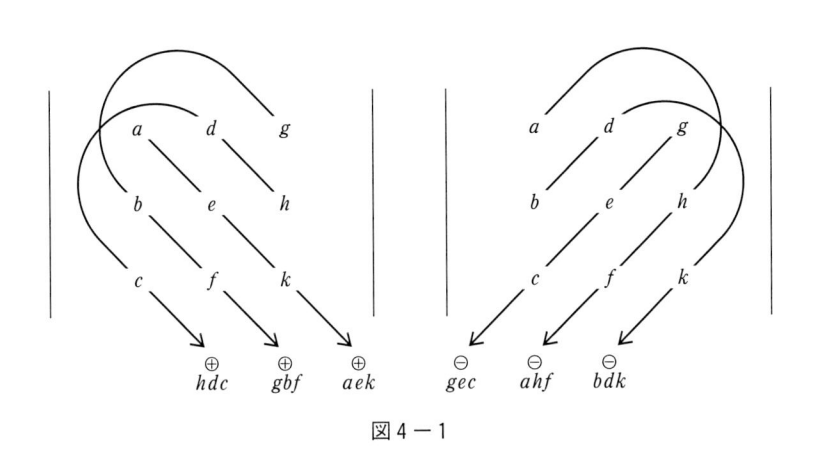

図 4 - 1

問題 20 サラスの法則をもちいて，以下の行列の行列式を求めなさい。

(1) $\begin{bmatrix} 2 & 3 & -1 \\ 0 & 1 & 5 \\ 1 & 1 & -1 \end{bmatrix}$ (2) $\begin{bmatrix} 1 & -1 & -1 \\ 3 & -4 & 0 \\ 6 & 0 & 1 \end{bmatrix}$ (3) $\begin{bmatrix} 1 & 2 & 3 \\ 2 & 0 & -1 \\ 3 & 1 & 4 \end{bmatrix}$

以下の 3 つの段階にしたがって，行列式の一般的な定義を求めてみよう。

第 1 段階 「小行列」

n 次の正方行列 $A = \begin{bmatrix} a_{11} & a_{12} & a_{13} & \cdots & a_{1n} \\ a_{21} & a_{22} & a_{23} & \cdots & a_{2n} \\ a_{31} & a_{32} & a_{33} & \cdots & a_{3n} \\ \vdots & \vdots & \vdots & \ddots & \vdots \\ a_{n1} & a_{n2} & a_{n3} & \cdots & a_{nn} \end{bmatrix}$ から，1 つの行と 1 つの列を外し

て作られる，$(n-1)$ 次の正方行列を，$(n-1)$ 次の**小行列**といい，外した行と列が第 i 行と第 j 列の場合に，Δ_{ij} と表す。

<u>例</u>　$B = \begin{bmatrix} a & d & g \\ b & e & h \\ c & f & k \end{bmatrix}$ のとき，$\Delta_{11} = \begin{bmatrix} e & h \\ f & k \end{bmatrix}$, $\Delta_{12} = \begin{bmatrix} b & h \\ c & k \end{bmatrix}$, $\Delta_{13} = \begin{bmatrix} b & e \\ c & f \end{bmatrix}$ である。

第2段階 「余因子」

　正方行列 A の (i, j) **余因子** A_{ij} とは，A から第 i 行と第 j 列を外した小行列の行列式 $\det\Delta_{ij}$ に，$i+j$ が偶数ならばプラス，奇数ならばマイナスの符号をつけたものである。すなわち

$$A_{ij} = (-1)^{i+j} \times \det\Delta_{ij}$$

で表される。

第3段階 「行列式」

　n 次の正方行列 A の行列式 $\det A$ は余因子を用いて，

$$\det A = a_{i1}A_{i1} + a_{i2}A_{i2} + a_{i3}A_{i3} + \cdots + a_{in}A_{in}$$

または，

$$\det A = a_{1j}A_{1j} + a_{2j}A_{2j} + a_{3j}A_{3j} + \cdots + a_{nj}A_{nj}$$

のように表すことができる。前者は任意の第 i 行について，後者は任意の第 j 列について，$\det A$ を展開していると見ることができる。これを**余因子展開**するという。

<u>例</u>　行列 $B = \begin{bmatrix} a & d & g \\ b & e & h \\ c & f & k \end{bmatrix}$ の行列式 $\det B$ は，第1列で余因子展開すれば，

$$\det B = aB_{11} + bB_{21} + cB_{31}$$ である。今，

$$B_{11}=(-1)^{1+1}\det\Delta_{11}=\begin{vmatrix}e & h\\ f & k\end{vmatrix}=ek-hf,$$

$$B_{21}=(-1)^{2+1}\det\Delta_{21}=-\begin{vmatrix}d & g\\ f & k\end{vmatrix}=-dk+gf,$$

$$B_{31}=(-1)^{3+1}\det\Delta_{31}=\begin{vmatrix}d & g\\ e & h\end{vmatrix}=dh-ge$$

であるから,

$$\det B = a(ek-hf)+b(-dk+gf)+c(dh-ge)$$
$$=aek+dhc+gbf-gec-ahf-dbk$$

が求まり,サラスの法則で得た結果と一致していることが確かめられる。

余因子展開するのはどの行ないし列の成分を用いても良いが,なるべく 0 が多く含まれる行,ないし列を選ぶと計算が少なくてすむ。

問題 21 次の行列の行列式を求めなさい。

$$(1)\begin{bmatrix}1 & 0 & 2 & 3\\ 0 & 2 & 1 & 1\\ 2 & 3 & 0 & 4\\ 0 & 0 & 1 & 2\end{bmatrix}\quad(2)\begin{bmatrix}1 & -1 & 5 & 0\\ 0 & 2 & 1 & -7\\ -4 & 2 & 0 & 1\\ 0 & 1 & -1 & -3\end{bmatrix}$$

(2) 行列式の性質

行列式に関しては,以下の性質が知られている。

① $\det(AB)=(\det A)(\det B)$
② $\det A = \det {}^tA$
③ $\det(kA)=k^n\det A$
④ 対角線より下(または上)がすべて 0 の行列の行列式は,対角線の要素の積となる。
⑤ 行列 A の第 i 列(行)に第 j 列(行)の実数倍を加えてつくられた行列

B について，$\det A = \det B$

⑥ 行列 A の第 i 列（行）と第 j 列（行）を入れ替えて作られた行列 C について，$\det A = -\det C$

⑦ 2つの異なる列（行）の第 i 列（行）と第 j 列（行）の要素がすべて等しい行列 D について，$\det D = 0$

⑧ ある1つの行（列）がすべて0の行列 F について，$\det F = 0$

問題 22 上記性質を3次の正方行列 $A = \begin{bmatrix} a & d & g \\ b & e & h \\ c & f & k \end{bmatrix}$ を用いて確かめなさい。

例 $A = \begin{bmatrix} 1 & 2 & 3 & 4 \\ 3 & 7 & 9 & 11 \\ -4 & -11 & -12 & -15 \\ 3 & 6 & 4 & 20 \end{bmatrix}$ の $\det A$ を求めてみる。性質⑤を使って，

$$\det A = \det \begin{bmatrix} 1 & 2 & 3 & 4 \\ 0 & 1 & 0 & -1 \\ -4 & -11 & -12 & -15 \\ 3 & 6 & 4 & 20 \end{bmatrix} = \det \begin{bmatrix} 1 & 2 & 3 & 4 \\ 0 & 1 & 0 & -1 \\ 0 & -3 & 0 & 1 \\ 3 & 6 & 4 & 20 \end{bmatrix}$$

$$= \det \begin{bmatrix} 1 & 2 & 3 & 4 \\ 0 & 1 & 0 & -1 \\ 0 & -3 & 0 & 1 \\ 0 & 0 & -5 & 8 \end{bmatrix}$$

ここで，第1列で余因子展開して，

$$= \det \begin{bmatrix} 1 & 0 & -1 \\ -3 & 0 & 1 \\ 0 & -5 & 8 \end{bmatrix}$$

さらに第2列で余因子展開して，

$$= 5\det\begin{bmatrix} 1 & -1 \\ -3 & 1 \end{bmatrix} = 5(1-3) = -10$$

問題 23 次の行列の行列式を求めなさい。

(1) $\begin{bmatrix} -5 & -4 & -2 & -8 \\ 3 & 2 & 1 & 4 \\ 10 & 8 & 3 & 16 \\ 8 & 4 & 2 & 9 \end{bmatrix}$ 　(2) $\begin{bmatrix} 0 & a & b & 1 \\ c & 0 & d & 1 \\ e & f & 0 & 1 \\ 1 & 1 & 1 & 0 \end{bmatrix}$

性質⑤を用いて0を多く含む行ないし列を作ることがコツである。

[10] 逆行列の発展学習

(1) 余因子行列

正方行列 $A = [a_{ij}]$ に対して，その余因子を $\tilde{A} = [A_{ji}]$ のように並べてできる行列を，**余因子行列**という。ここで i と j が入れ替わっていることに注意しなくてはならない。

次に，この2つの行列の積 $A\tilde{A}$ および $\tilde{A}A$ を考えると，$A\tilde{A} = \tilde{A}A = (\det A)E$ である。

例 $A = \begin{bmatrix} a_{11} & a_{12} & a_{13} \\ a_{21} & a_{22} & a_{23} \\ a_{31} & a_{32} & a_{33} \end{bmatrix}$ のとき，

$$\tilde{A} = \begin{bmatrix} A_{11} & A_{21} & A_{31} \\ A_{12} & A_{22} & A_{32} \\ A_{13} & A_{23} & A_{33} \end{bmatrix} = \begin{bmatrix} \begin{vmatrix} a_{22} & a_{23} \\ a_{32} & a_{33} \end{vmatrix} & -\begin{vmatrix} a_{12} & a_{13} \\ a_{32} & a_{33} \end{vmatrix} & \begin{vmatrix} a_{12} & a_{13} \\ a_{22} & a_{23} \end{vmatrix} \\ -\begin{vmatrix} a_{21} & a_{23} \\ a_{31} & a_{33} \end{vmatrix} & \begin{vmatrix} a_{11} & a_{13} \\ a_{31} & a_{33} \end{vmatrix} & -\begin{vmatrix} a_{11} & a_{13} \\ a_{21} & a_{23} \end{vmatrix} \\ \begin{vmatrix} a_{21} & a_{22} \\ a_{31} & a_{32} \end{vmatrix} & -\begin{vmatrix} a_{11} & a_{12} \\ a_{31} & a_{32} \end{vmatrix} & \begin{vmatrix} a_{11} & a_{12} \\ a_{21} & a_{22} \end{vmatrix} \end{bmatrix}$$

である。

このとき，$C = A\tilde{A}$ とすると，$C_{11} = a_{11}A_{11} + a_{12}A_{12} + a_{13}A_{13} = \det A$ であり，C_{22}, C_{33} も同様に $\det A$ となる。

$$C_{12} = a_{11}A_{21} + a_{12}A_{22} + a_{13}A_{23}$$
$$= -a_{11}(a_{12}a_{33} - a_{13}a_{32}) + a_{12}(a_{11}a_{33} - a_{13}a_{31}) - a_{13}(a_{11}a_{32} - a_{12}a_{31}) = 0$$

であり，C_{13}, C_{21}, C_{23}, C_{31}, C_{32} も同様に 0 となる。

$D = \tilde{A}A$ としても，$D_{ii} = \det A$，$D_{ij} = 0 \, (i \neq j)$ が同様に求められる。

（2）逆行列

$\det A \neq 0$ ならば，$A\left(\dfrac{1}{\det A}\tilde{A}\right) = \left(\dfrac{1}{\det A}\tilde{A}\right)A = E$ より，$A^{-1} = \dfrac{1}{\det A}\tilde{A}$ である。

問題 24 次の行列の逆行列を求めなさい。

$$(1) \begin{bmatrix} 2 & 3 & 1 \\ 1 & 2 & 3 \\ 1 & 1 & 1 \end{bmatrix} \quad (2) \begin{bmatrix} 4 & 1 & 8 \\ 3 & -2 & 5 \\ 6 & 0 & -3 \end{bmatrix} \quad (3) \begin{bmatrix} 2 & 3 & 1 \\ 3 & -1 & -1 \\ 1 & -1 & 1 \end{bmatrix}$$

（3）クラメールの公式

逆行列の知識を使って，連立 1 次方程式を解くことを考える。すでに 2 次の正方行列で学んだように，$A = \begin{bmatrix} a & b \\ c & d \end{bmatrix}$, $X = \begin{bmatrix} x \\ y \end{bmatrix}$, $P = \begin{bmatrix} p \\ q \end{bmatrix}$ とすると，

$AX = P$ は連立 1 次方程式 $\begin{cases} ax + by = p \\ cx + dy = q \end{cases}$ を表したものである。A が逆行列 A^{-1} をもつときは，$X = A^{-1}P$ となり，$\begin{bmatrix} x \\ y \end{bmatrix} = \dfrac{1}{\Delta}\begin{bmatrix} d & -b \\ -c & a \end{bmatrix}\begin{bmatrix} p \\ q \end{bmatrix}$

すなわち $\begin{cases} x = \dfrac{1}{ad-bc}(dp-bq) \\ y = \dfrac{1}{ad-bc}(-cp+aq) \end{cases}$ であった。

これを n 次の正方行列の場合にも応用してみよう。

$$A = \begin{bmatrix} a_{11} & a_{12} & a_{13} & \cdots & a_{1n} \\ a_{21} & a_{22} & a_{23} & \cdots & a_{2n} \\ a_{31} & a_{32} & a_{33} & \cdots & a_{3n} \\ \vdots & \vdots & \vdots & \ddots & \vdots \\ a_{n1} & a_{n2} & a_{n3} & \cdots & a_{nn} \end{bmatrix}, \quad X = \begin{bmatrix} x_1 \\ x_2 \\ x_3 \\ \vdots \\ x_n \end{bmatrix}, \quad B = \begin{bmatrix} b_1 \\ b_2 \\ b_3 \\ \vdots \\ b_n \end{bmatrix}$$

とすると, $AX=B$ は連立1次方程式

$$\begin{cases} a_{11}x_1 + a_{12}x_2 + \cdots + a_{1n}x_n = b_1 \\ a_{21}x_1 + a_{22}x_2 + \cdots + a_{2n}x_n = b_2 \\ \quad\quad\quad\quad\quad\vdots \\ a_{n1}x_1 + a_{n2}x_2 + \cdots + a_{nn}x_n = b_n \end{cases}$$

を行列で表したものである。A が逆行列 A^{-1} をもつときは,

$$X = A^{-1}B = \frac{1}{\det A} \tilde{A} B$$

となり,

$$X = \begin{bmatrix} x_1 \\ x_2 \\ x_3 \\ \vdots \\ x_n \end{bmatrix} = \frac{1}{\det A} \begin{bmatrix} A_{11} & A_{21} & A_{31} & \cdots & A_{n1} \\ A_{12} & A_{22} & A_{32} & \cdots & A_{n2} \\ A_{13} & A_{23} & A_{33} & \cdots & A_{n3} \\ \vdots & \vdots & \vdots & \ddots & \vdots \\ A_{1n} & A_{2n} & A_{3n} & \cdots & A_{nn} \end{bmatrix} \begin{bmatrix} b_1 \\ b_2 \\ b_3 \\ \vdots \\ b_n \end{bmatrix} = \frac{1}{\det A} \begin{bmatrix} A_{11}b_1 + A_{21}b_2 + \cdots + A_{n1}b_n \\ A_{12}b_1 + A_{22}b_2 + \cdots + A_{n2}b_n \\ A_{13}b_1 + A_{23}b_2 + \cdots + A_{n3}b_n \\ \vdots \\ A_{1n}b_1 + A_{2n}b_2 + \cdots + A_{nn}b_n \end{bmatrix}$$

が得られる。

ここで, 行列 A を第1列で余因子展開した $a_{11}A_{11} + a_{21}A_{21} + \cdots + a_{n1}A_{n1}$ と $A_{11}b_1 + A_{21}b_2 + \cdots + A_{n1}b_n$ を比較すると明らかなように, 後者は行列 A の第1列を B の列ベクトルで置き換えた行列を, 第1列で余因子展開して求めた行列式に他ならない。よって,

$$x_1 = \frac{1}{\det A} \begin{vmatrix} b_1 & a_{12} & a_{13} & \cdots & a_{1n} \\ b_2 & a_{22} & a_{23} & \cdots & a_{2n} \\ b_3 & a_{32} & a_{33} & \cdots & a_{3n} \\ \vdots & \vdots & \vdots & \ddots & \vdots \\ b_n & a_{n2} & a_{n3} & \cdots & a_{nn} \end{vmatrix}$$

であり，同様に，

$$x_2 = \frac{1}{\det A} \begin{vmatrix} a_{11} & b_1 & a_{13} & \cdots & a_{1n} \\ a_{21} & b_2 & a_{23} & \cdots & a_{2n} \\ a_{31} & b_3 & a_{33} & \cdots & a_{3n} \\ \vdots & \vdots & \vdots & \ddots & \vdots \\ a_{n1} & b_n & a_{n3} & \cdots & a_{nn} \end{vmatrix}$$

である。$x_3, \cdots x_n$ についても同様なことがいえ，一般に

$$x_i = \frac{1}{\det A} |A_B^i|, \ i = 1, \cdots n$$

である。ただし A_B^i は正方行列 A の第 i 列を列ベクトル B で置き換えて定められる正方行列である。これを**クラメールの公式**という。

問題 25

以下の連立1次方程式をクラメールの公式を用いて解きなさい。

(1) $\begin{cases} 3x + z = 5 \\ 2y + z = 0 \\ x - y + z = 4 \end{cases}$ (2) $\begin{cases} x + 2y + 3z = 4 \\ 2x + 3y - z = -2 \\ 3x + 4y - 2z = -5 \end{cases}$

第5章
経済学への応用2

[1] 産業連関分析

レオンチェフ (1906－99) の**産業連関分析**は，それぞれの産業での生産物をもとに，各産業が1種類の財を生産するという単純化された経済を前提とし，最終的な需要量に対して，それぞれの産業の生産量を決定しようとするモデルであり，連立1次方程式を用いて解くことができる。

ここでは，n 個の産業があり，第 i 産業の第 i 財の生産量を x_i，第 i 産業が1単位の第 i 財を生産をするのに必要な第 j 財の投入量を a_{ji} とする。これを**投入係数**という。第 i 財の最終需要量を c_i とする。

このとき $a_{i1}x_1$ は第1財を x_1 だけ生産するときに必要な第 i 財の量を表す。n 個の産業すべてで原材料としての第 i 財の投入量は，$a_{i1}x_1+a_{i2}x_2+\cdots+a_{in}x_n$ となる。これに最終需要量 c_i を加えた量が，第 i 財の生産量 x_i と等しくなければならない。よって，以下の式が成り立つ。

$$a_{i1}x_1+a_{i2}x_2+\cdots+a_{in}x_n+c_i=x_i \ (i=1,\ 2,\cdots,\ n)$$

これを行列で表示すれば，

$$AX+C=X$$

ただし $A=\begin{bmatrix} a_{11} & a_{12} & a_{13} & \cdots & a_{1n} \\ a_{21} & a_{22} & a_{23} & \cdots & a_{2n} \\ a_{31} & a_{32} & a_{33} & \cdots & a_{3n} \\ \vdots & \vdots & \vdots & \ddots & \vdots \\ a_{n1} & a_{n2} & a_{n3} & \cdots & a_{nn} \end{bmatrix},\ C=\begin{bmatrix} c_1 \\ c_2 \\ c_3 \\ \vdots \\ c_n \end{bmatrix},\ および X=\begin{bmatrix} x_1 \\ x_2 \\ x_3 \\ \vdots \\ x_n \end{bmatrix}$

である。これを $X = EX$ であることに留意して変形すれば，$(E-A)X = C$ が得られる。これを**レオンチェフ・モデルの方程式の行列表現**という。

ところで，ここでは x_i は少なくとも 1 つがゼロでなく（したがって $X = 0$ は不可），かつすべてが非負でなければならない，すなわち $X \geq 0$ であることに注意する必要がある。

この条件を満たし，レオンチェフ・モデルが解けるための条件として知られているのが，以下の**ホーキンス゠サイモンの条件**である。

$$1-a_{11} > 0, \quad \begin{vmatrix} 1-a_{11} & -a_{12} \\ -a_{21} & 1-a_{22} \end{vmatrix} > 0, \quad \begin{vmatrix} 1-a_{11} & -a_{12} & -a_{13} \\ -a_{21} & 1-a_{22} & -a_{23} \\ -a_{31} & -a_{32} & 1-a_{33} \end{vmatrix} > 0, \quad \cdots,$$

$|E-A| > 0$

この条件は，行列 $E-A$ の左上から順に 1×1 行列，2×2 行列，3×3 行列，$\cdots$，$n \times n$ 行列と小行列を作り，その行列式（これを**首座小行列式**という）がすべて正であることを意味している。

問題 1

投入行列 A および最終消費ベクトル C が，

$$A = \begin{bmatrix} 0.2 & 0.3 & 0.1 \\ 0.1 & 0.3 & 0.1 \\ 0.2 & 0.4 & 0.2 \end{bmatrix}, \quad C = \begin{bmatrix} 5 \\ 3 \\ 4 \end{bmatrix}$$

であるとする。このとき

(1) $E-A$ を導いて，ホーキンス゠サイモンの条件が満たされるかどうかを確認しなさい。

(2) 生産ベクトル X を求めなさい。

[2] *IS-LM* 分析

　マクロ経済学の基礎で詳しくは習うが，***IS-LM*** **分析**は，実物市場である財市場と，資産市場である貨幣市場の同時均衡を考え，均衡 GDP と利子率を求める一般均衡分析である。ケインズ（1883 − 1946）の理論に基づくマクロ経済学の分析手段として，ヒックス（1904 − 89）によって確立された。

　マクロ経済学とは，一国全体の経済をあたかも天上から俯瞰するように全体としてとらえ，各種政策が経済の安定や成長にどのような効果を持つかなどを研究する学問である。一国の経済は，マクロの視点から見ると，大きく分けて実物市場と資産市場に分かれる。実物市場は**財市場**，すなわち企業によって生産・供給された財・サービスが，主に消費者に需要されて取引される市場を指す。資産市場は大きく貨幣市場と債券市場とに分かれ，**貨幣市場**は中央銀行によって供給される貨幣が，資産を保有する1つの手段として貨幣を需要する投資家らの貨幣需要に応じて流通する市場を指す。

　マクロの意味で経済が均衡しているとは，財市場と貨幣市場での需要と供給がつりあっていることを言う。この2つの市場が均衡しているときには，第3の市場である債券市場も均衡しており（全部の市場のうち1つを残して均衡していれば，最後の1つも均衡しているという法則を**ワルラス法則**という），したがって考える必要はない。

（1）財市場の均衡

　財の総供給とは，一年間に生産された財・サービスの合計額を指す。これは国内総生産（GDP）という概念に等しく，Y で表す。

　財の総需要とは，生産された財・サービスに対する需要のことであり，これは海外部門を考えなければ，

①　家計による消費需要：C
②　企業による投資需要：I
③　政府による公共事業のための需要：G

の3つの需要から成り立っている。

財市場の均衡条件式は，財の総需要＝財の総供給だから，

$$Y = C + I + G$$

となる。

①の消費需要は，家計の所得に依存し，家計の所得は国内総生産（これは国民所得に近い概念である）と正の相関があるから，結局 C（消費需要）は Y（GDP）の関数である。この関係を線形に単純化して，

$$C = cY + C_0$$

と表すことが多い。これを**ケインズ型の消費関数**という。c は**消費性向**といい，GDP が 1 増えると，消費需要がどれだけ増えるかを表す値である。所得が 1 万円増えても，全部消費せずに貯蓄に回すことを考えれば，$0 < c < 1$ と考えるのが自然である。また C_0 は基礎的消費と呼ばれるもので，$C_0 > 0$，すなわち仮に所得がゼロでも，生存のために過去の貯蓄を切り崩して消費をすると考えることが自然である。

一方，②の企業の投資需要については，利子率 r の関数と考えられる。企業は設備投資をする際には銀行から借金をするが，その際に利子を負担する。利子率が高ければ，それでも利潤が得られるようなプロジェクトだけを選んで実行するであろう。利子率が低ければ，それに加えて期待利潤が低いと見込まれるプロジェクトも新たに実行すると考えられる。よって，企業が投資目的で財やサービスを需要する投資需要 I は，利子率 r の減少関数であり，すなわち

$$I = I(r), \ dI/dr < 0$$

である。これを**投資関数**という。

消費関数と投資関数を $Y = C + I + G$ に代入すると，最終的に

$$Y = \frac{1}{1-c}(C_0 + I(r) + G)$$

となる。このなかで，政府の公共事業による財・サービスの需要 G は政策変

数であり，消費性向 c と基礎的消費 C_0 が定数と考えれば，ある G の水準の下での，Y（GDP）と r（利子率）の関係が求められる。Y を横軸に，r を縦軸にとってこの関係をグラフで表すと，図 5－1 の **IS 曲線**のように，右下がりの関係となる。

（2）貨幣市場の均衡

これに対して，貨幣市場の均衡とは，貨幣に対する需要と供給がつり合うことをいう。

現金および預金通貨（ここでは当座預金・普通預金などの銀行預金）の総量をマネーサプライといい，M で表す。これは日本銀行の金融政策によってその量が管理できるため，M は政策変数である。名目的な貨幣供給量は M に一致する（預金通貨は支払手段や決済の手段として使用できる点で現金と同じく「貨幣」である）が，物価水準が上昇すれば，それだけ貨幣価値が下落するわけだから，**実質貨幣供給量**は M を物価水準 P で割った値，M/P に等しい。

これに対して貨幣需要は，主に①日常の売買の支払いに用いるための**取引的動機**，②万一の支出に備えて資産の一部を貨幣で持とうとする**予備的動機**，③債券などほかの資産と比較して，資産運用上の観点から貨幣を持とうとする**投機的動機**，に区別される。①と②の動機に基づく貨幣需要は，所得が高いほど，したがって GDP が大きいほど，大きくなると考えられる。これらの需要をまとめて L_1 とすれば，

$$L_1 = L_1(Y),\ dL_1/dY > 0$$

と表される。

一方③の貨幣需要は利子率と関係する。利子率が高くなると（預金と債券購入とが同じ収益率を保つ関係から）債券価格が下がり，債券に投資することは有利となるので，資産を債券で持とうとする割合が上昇し，貨幣需要は減少する。この需要を L_2 とすれば，

$$L_2 = L_2(r), \quad dL_2/dr < 0$$

と表される。

　以上から，貨幣市場の均衡条件式は

$$M/P = L_1(Y) + L_2(r)$$

と表される。このなかで，マネーサプライ M は政策変数であり，物価水準 P が短期的に一定と考えれば，ある M の水準の下での，Y（GDP）と r（利子率）の関係が求められる。Y を横軸に，r を縦軸にとってこの関係をグラフで表すと，図 5－1 の **LM** 曲線のように，右上がりの関係となる。

　IS 曲線と LM 曲線の交点で，財と貨幣の 2 つの市場を同時に均衡させる，**均衡 GDP** と**均衡利子率**が決まる。これを *IS-LM* 分析という。

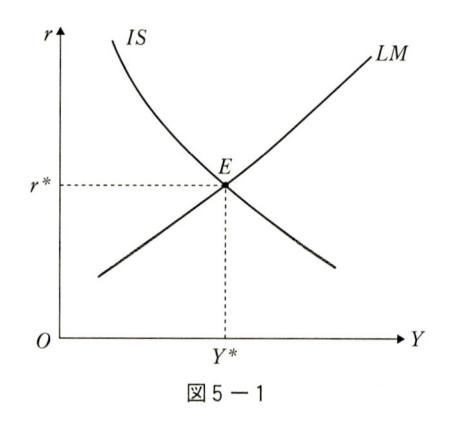

図 5－1

問題 2

財市場均衡条件式：$Y = C + I + G$，
消費関数：$C = 0.6Y + 40$，
投資関数：$I = 120 - 2000r$，
政府支出：$G = 40$，
貨幣供給：$M/P = 2000$，
貨幣需要：$L_1 + L_2 = 10Y - 10000r$

のとき，均衡 GDP と均衡利子率を行列を用いて求めなさい。

[3] 比較静学分析

例 IS 曲線：$Y=100-10r+G$，LM 曲線：$Y=45+10r+0.5M$ のとき，
(1) 政府支出 G が 10 増加し，マネーサプライ M（ここでは物価水準 $P=1$）が不変のとき，均衡利子率と均衡 GDP はどのように変化するか。
(2) マネーサプライ M が 20 増加し，政府支出が不変のとき，均衡利子率と均衡 GDP はどのように変化するか。

<解答> 左辺に**内生変数**（政策変数の値によって動く変数，ここでは Y と r），右辺に**外生変数**（政策変数，ここでは G と M）を移すと，IS 曲線と LM 曲線はそれぞれ，

$$Y + 10r = 100 + G$$
$$Y - 10r = 45 + 0.5M$$

である。これを全微分すると，

$$dY + 10dr = dG$$
$$dY - 10dr = 0.5dM$$

行列表示すれば，

$$\begin{bmatrix} 1 & 10 \\ 1 & -10 \end{bmatrix} \begin{bmatrix} dY \\ dr \end{bmatrix} = \begin{bmatrix} 1 \\ 0 \end{bmatrix} dG + \begin{bmatrix} 0 \\ 0.5 \end{bmatrix} dM$$

となる。クラメールの公式から

$$dY = \frac{\begin{vmatrix} dG & 10 \\ 0 & -10 \end{vmatrix}}{\begin{vmatrix} 1 & 10 \\ 1 & -10 \end{vmatrix}}$$

となるが，

$$\begin{vmatrix} dG & 10 \\ 0 & -10 \end{vmatrix} = dG \begin{vmatrix} 1 & 10 \\ 0 & -10 \end{vmatrix}$$

であるので，これは

$$\frac{dY}{dG} = \frac{\begin{vmatrix} 1 & 10 \\ 0 & -10 \end{vmatrix}}{\begin{vmatrix} 1 & 10 \\ 1 & -10 \end{vmatrix}} = \frac{-10}{-20} = 0.5$$

であることを意味している。よって，均衡GDPはGの上昇に対して0.5倍の上昇だから，$dG=10$ならば$dY=5$である。したがって5上昇するといえる。

均衡利子率についても同様に，

$$\frac{dr}{dG} = \frac{\begin{vmatrix} 1 & 1 \\ 1 & 0 \end{vmatrix}}{\begin{vmatrix} 1 & 10 \\ 1 & -10 \end{vmatrix}} = \frac{-1}{-20} = 0.05$$

となって，均衡利子率はGの上昇に対して0.05倍の上昇だから，$dG=10$ならば$dr=0.5$である。したがって0.5上昇するといえる。

以上のように，外生変数の変化が内生変数に及ぼす影響を分析する手法を，**比較静学分析**という。

問題 3 　例 の (2) を同様にして解きなさい。

問題 4 　マクロ経済が，$Y=C+I+G$，$C=0.8(Y-T)+C_0$，$I=I_0-1000r$，$M/P=0.1Y-500r$であるとする。ただし，Tは租税であり，I_0は定数である。政府が5兆円の減税を行うと，GDPはいくら増加するか。

一般的に比較静学分析は，内生変数を n 個もつ n 本の方程式から成る体系の下で，m 個の外生変数の変化によって内生変数がどう変化するかを調べるものである。内生変数を x_i ($i = 1, 2, \cdots, n$)，外生変数を y_j ($j = 1, 2, \cdots, m$) としたときに，

体系は

$$\begin{cases} F^1(x_1, x_2, \cdots, x_n, y_1, y_2, \cdots y_m) = 0 \\ F^2(x_1, x_2, \cdots, x_n, y_1, y_2, \cdots y_m) = 0 \\ \qquad\qquad\vdots \\ F^n(x_1, x_2, \cdots, x_n, y_1, y_2, \cdots y_m) = 0 \end{cases}$$

で表される。これを全微分して行列表示すると，

$$\begin{bmatrix} F^1_{x_1} & F^1_{x_2} & \cdots & F^1_{x_n} \\ F^2_{x_1} & F^2_{x_2} & \cdots & F^2_{x_n} \\ \vdots & \vdots & \ddots & \vdots \\ F^n_{x_1} & F^n_{x_2} & \cdots & F^n_{x_n} \end{bmatrix} \begin{bmatrix} dx_1 \\ dx_2 \\ \vdots \\ dx_n \end{bmatrix} = - \begin{bmatrix} F^1_{y_1} \\ F^2_{y_1} \\ \vdots \\ F^n_{y_1} \end{bmatrix} dy_1 - \begin{bmatrix} F^1_{y_2} \\ F^2_{y_2} \\ \vdots \\ F^n_{y_2} \end{bmatrix} dy_2 - \cdots - \begin{bmatrix} F^1_{y_m} \\ F^2_{y_m} \\ \vdots \\ F^n_{y_m} \end{bmatrix} dy_m$$

となる。ただし $F^p_q = \partial F^p / \partial q$，($p = 1, 2, \cdots, n$; $q = x_i, y_j$) である。比較静学の結果は以下のようになる。ただし Δ は上の式の左辺の行列の行列式である。

$$\frac{dx_i}{dy_j} = \frac{1}{\Delta} \begin{vmatrix} F^1_{x_1} & F^1_{x_2} & \cdots & F^1_{x_{i-1}} & -F^1_{y_j} & F^1_{x_{i+1}} & \cdots & F^1_{x_n} \\ F^2_{x_1} & F^2_{x_2} & \cdots & F^2_{x_{i-1}} & -F^2_{y_j} & F^2_{x_{i+1}} & \cdots & F^2_{x_n} \\ \vdots & \vdots & & \vdots & \vdots & \vdots & & \vdots \\ \vdots & \vdots & & \vdots & \vdots & \vdots & & \vdots \\ \vdots & \vdots & & \vdots & \vdots & \vdots & & \vdots \\ \vdots & \vdots & & \vdots & \vdots & \vdots & & \vdots \\ F^n_{x_1} & F^n_{x_2} & \cdots & F^n_{x_{i-1}} & -F^n_{y_j} & F^n_{x_{i+1}} & \cdots & F^n_{x_n} \end{vmatrix}$$

第6章
最適化問題

［1］ 2変数関数の極値

2変数関数 $z = f(x, y)$ があって，$(x, y) = (x^*, y^*)$ の十分に小さい半径の円内で $f(x, y)$ が最大値（最小値）となっているとき，z は $(x, y) = (x^*, y^*)$ で極大値（極小値）をとるという。

1変数関数 $y = f(x)$ のとき，$x = x^*$ で極値（極大値ないし極小値）をとるときには，$f'(x^*) = 0$ であった。それと同様に，2変数関数の場合にも，$z = f(x, y)$ が $(x, y) = (x^*, y^*)$ で極値をとるときには，

$$f_x(x^*, y^*) = 0, f_y(x^*, y^*) = 0$$

である。

しかし，たとえ $f_x(x^*, y^*) = f_y(x^*, y^*) = 0$ であったとしても，そのとき $(x, y) = (x^*, y^*)$ で，関数 $z = f(x, y)$ が極大値をとるのか，極小値をとるのかは，これだけではわからない。それどころか，実は $f_x(x^*, y^*) = f_y(x^*, y^*) = 0$ であっても，関数 $z = f(x, y)$ が極大値も極小値もとらないこともある。

$f_x(x^*, y^*) = 0$ とは，$y = y^*$ の平面で $z = f(x, y)$ を切断して得られる曲線が，$x = x^*$ のところで極値を取ることを意味する。同様に $f_y(x^*, y^*) = 0$ とは，$x = x^*$ の平面で $z = f(x, y)$ を切断して得られる曲線が，$y = y^*$ のところで極値を取ることを意味する。

したがって，図6-1のように，極小値をとることもあり，図6-2のように，極大値をとることもある。図6-3のようなケースも考えられる。このような E 点は**鞍点**と呼ばれる。

第6章 最適化問題　101

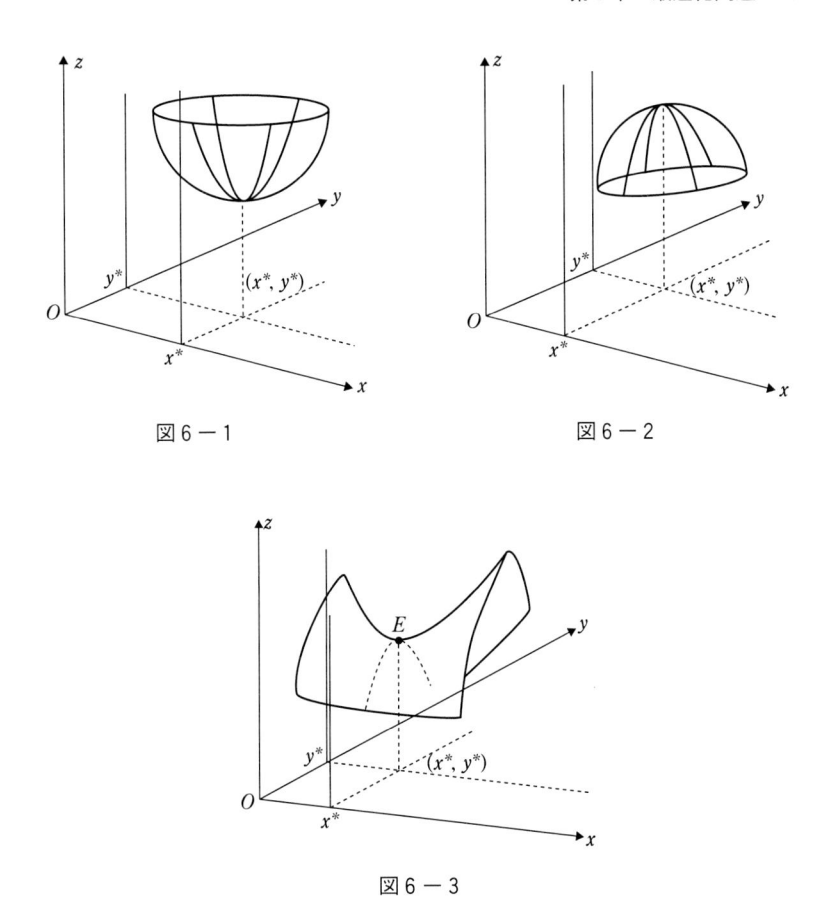

図6-1

図6-2

図6-3

　1変数関数のときには，第2章［6］で学んだように，2階の微分をすることで極大値か極小値かを判別できた。すなわち，関数$f(x)$が連続な第2次導関数をもち，$f'(x^*) = 0$であるとき，$f''(x^*) > 0$ならば，$f(x)$が$x = x^*$で極小となっており，反対に$f''(x^*) < 0$ならば，$f(x)$が$x = x^*$で極大となっている。

　2変数関数についても，同様な判別方法がある。$z = f(x, y)$を全微分して，

$$dz = f_x dx + f_y dy$$

となる。さらにこの両辺を全微分すると，

$$d^2z = f_{xx}(dx)^2 + 2f_{xy}dxdy + f_{yy}(dy)^2$$

を得る。ここで，$d^2z = Y$ および $dx = X$ と置き換えて，

$$Y = f_{xx}X^2 + 2f_{xy}dyX + f_{yy}(dy)^2 \qquad (6-1)$$

とし，Y を X の2次式と考える。1変数関数の場合と同様に，z が (x^*, y^*) で極大値をもつならば，$d^2z(x^*, y^*) < 0$ であり，z が (x^*, y^*) で極小値をもつならば，$d^2z(x^*, y^*) > 0$ である。よって（6-1）式の2次関数で Y が負（正）ならば，極大値（極小値）となっていることになる。

2次関数が必ず負となるのは，放物線が上に凸で，かつ頂点が横軸に交わらない場合であり，それは $f_{xx} < 0$ かつ（6-1）の判別式が負であればよい。（6-1）式の判別式は，$D = (2f_{xy}dy)^2 - 4f_{xx}f_{yy}(dy)^2 = 4(dy)^2[(f_{xy})^2 - f_{xx}f_{yy}]$ だから，結局判別式が負とは $f_{xx}f_{yy} - (f_{xy})^2 > 0$ を意味する。

逆に，2次関数が必ず正となるのは，放物線が下に凸で，かつ頂点が横軸に交わらない場合であり，それは $f_{xx} > 0$ かつ（6-1）式の判別式が負，すなわち $f_{xx}f_{yy} - (f_{xy})^2 > 0$ であればよい。

ここで

$$H = f_{xx}(x^*, y^*)f_{yy}(x^*, y^*) - \{f_{xy}(x^*, y^*)\}^2$$

を定義しよう。H はヘッシアンと呼ばれ，行列

$$\begin{bmatrix} f_{xx}(x^*, y^*) & f_{xy}(x^*, y^*) \\ f_{xy}(x^*, y^*) & f_{yy}(x^*, y^*) \end{bmatrix}$$

の行列式である。この行列をヘッセ行列という。

2変数関数 $z = f(x, y)$ が (x^*, y^*) で，$f_x(x^*, y^*) = 0$，$f_y(x^*, y^*) = 0$ であるとき，(x^*, y^*) で極値となっているかの判定はヘッシアンを用いることで，

① $H > 0$ ならば (x^*, y^*) で z は極値をとる。$f_{xx}(x^*, y^*) > 0$ ならば極小値，$f_{xx}(x^*, y^*) < 0$ ならば極大値である。
② $H < 0$ ならば (x^*, y^*) で z は鞍点となる。
③ $H = 0$ のときには，判別できない。

と分類できる。

$w = f(x, y, z)$ のような3変数関数の場合には，$(x, y, z) = (x^*, y^*, z^*)$ のときに，$f_x = f_y = f_z = 0$ であるとき，それが極大値であるのは

$$f_{xx} < 0, \quad \begin{vmatrix} f_{xx} & f_{xy} \\ f_{yx} & f_{yy} \end{vmatrix} > 0, \quad \begin{vmatrix} f_{xx} & f_{xy} & f_{xz} \\ f_{yx} & f_{yy} & f_{yz} \\ f_{zx} & f_{zy} & f_{zz} \end{vmatrix} < 0$$

を満たすときである。

上のケースのように，一般にヘッシアンの首座小行列式が，負正負正…と符号が交代するとき，そのヘッセ行列を**負値定符号**（負定値）という。

極小値であるのは，

$$f_{xx} > 0, \quad \begin{vmatrix} f_{xx} & f_{xy} \\ f_{yx} & f_{yy} \end{vmatrix} > 0, \quad \begin{vmatrix} f_{xx} & f_{xy} & f_{xz} \\ f_{yx} & f_{yy} & f_{yz} \\ f_{zx} & f_{zy} & f_{zz} \end{vmatrix} > 0$$

を満たすときである。

上のケースのように，一般にヘッシアンの首座小行列式が常に正であるとき，そのヘッセ行列を**正値定符号**（正定値）という。

問題1 以下の関数の極値を求めなさい。
(1) $z = -x^2 - y^2 + xy + 5x + 2y$
(2) $z = x^2 + y^2 - 2x - 4y + 20$
(3) $z = x^3 + y^3 - 6xy$

［2］等号制約条件つき最適化問題
（1）必要条件
　ここでは (x, y) が一定の曲線上にあるという制約の下での，$z = f(x, y)$ の最大化ないし最小化問題を考える。

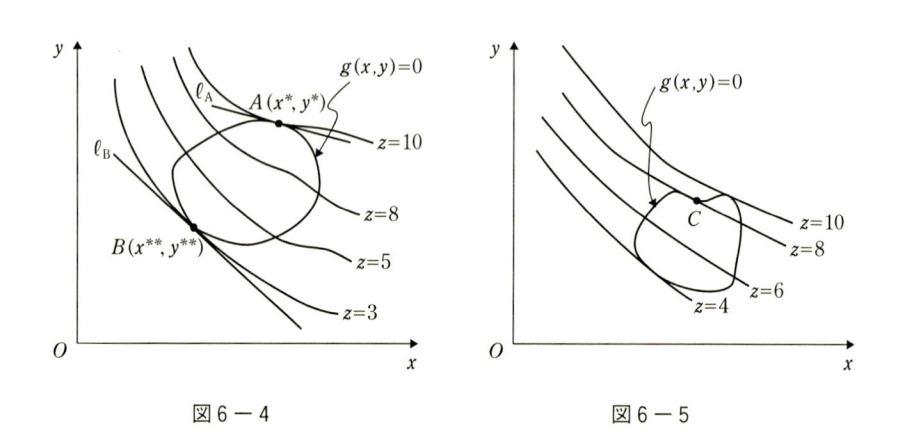

図6−4　　　　　　　　　　　　図6−5

　図6−4は関数 $z = f(x, y)$ について，平面 (x, y) で同じ z を与える組み合わせを結んでできる等量曲線である。他方，(x, y) が動くことができる曲線は，一般形として $g(x, y) = 0$ で表すことができる。これを**制約条件式**という。図では $g(x, y) = 0$ の範囲で z が最大となるのは点 $A(x^*, y^*)$ であり，そのとき $z = 10$ である。また，最小となるのは点 $B(x^{**}, y^{**})$ であり，そのとき $z = 3$ である。

　点 A および B では，等量曲線と制約条件式とが接している。したがってこの2点を通り，等量曲線 $z = f(x, y)$ と制約条件式 $g(x, y) = 0$ にそれぞれ接するように接線を引くと，同じ直線となる。

　$f(x, y) = 10$ 上の点 $A(x^*, y^*)$ における接線の傾きを求めよう。$f(x, y) = 10$ を全微分すると $f_x(x, y)dx + f_y(x, y)dy = 0$ であり，$\dfrac{dy}{dx} = -\dfrac{f_x(x, y)}{f_y(x, y)}$ である。(x, y) に (x^*, y^*) を代入すれば，点 A における接線の傾き $\dfrac{dy}{dx} = -\dfrac{f_x(x^*, y^*)}{f_y(x^*, y^*)}$ が

求まる。同様にして，$g(x, y) = 0$ 上の点 $A(x^*, y^*)$ における接線の傾き $\dfrac{dy}{dx} = -\dfrac{g_x(x^*, y^*)}{g_y(x^*, y^*)}$ も求められる。これらが等しいことから，結局次の（6－2）が最大値をとるための必要条件（または1階の条件）である。

$$-\frac{f_x(x^*, y^*)}{f_y(x^*, y^*)} = -\frac{g_x(x^*, y^*)}{g_y(x^*, y^*)} \tag{6－2}$$

さらに，点 $A(x^*, y^*)$ は制約条件式 $g(x, y) = 0$ を満たすという条件，

$$g(x^*, y^*) = 0 \tag{6－3}$$

も必要である。

以上の（6－2）および（6－3）と同様な関係式は，点 $B(x^{**}, y^{**})$ においても成立する。したがって，（6－2）および（6－3）は，制約条件つきの問題の最大値ないし最小値を与える必要条件と言える。ただし最大値か最小値かの区別は，これらの必要条件式からではわからない。

さらに言えば，（6－2）と（6－3）が成り立つ場合でも，最大値・最小値いずれにも該当しない場合もある。それは図6－5での点 C のようなケースで，点 C では $z = 8$ だが，点 C を通り $f(x, y) = 8$ と $g(x, y) = 0$ に接する接線をひけば，傾きは同じとなり，（6－2）式および（6－3）式と同様の条件を満たす。しかしながら図より明らかに，点 C では $f(x, y)$ は最大値も最小値もとらない。

これらの問題を解決し，最大値か，最小値か，どちらでもないのかを区別するためには，十分条件（2階の条件）を考える必要がある。

（2）ラグランジュ未定乗数法

制約つき最大（最小）化問題を解くには，**ラグランジュ未定乗数法**を用いる方法もある。これは2変数関数の制約つき最大（最小）化問題を，制約をなくす代わりに変数を1つ増やして，3変数関数の最大（最小）化問題に置き換える方法である。新しく追加される変数には通常 λ（ラムダ）を用い，これをラ

グランジュ乗数という。

以下の問題を考えよう。

$$\max_{x,y} z = f(x, y)$$
$$s.t.\, g(x, y) = M$$

$s.t.$ とは subject to の意味であり，「($g(x, y)=M$ という）制約条件の下で」の意味である。$\max_{x,y}$ は目的関数 $z=f(x, y)$ が最大となるように，2変数 x, y を選ぶことを意味している。

これを解くために，はじめにラグランジュ関数（ラグランジュアン）を以下のように定める。

$$L(x, y, \lambda) = f(x, y) + \lambda\{M - g(x, y)\}$$

ラグランジュ関数の右辺は，目的関数と，制約条件式を $=0$ となるよう変形したもの（右辺－左辺としたもの）に λ を乗じたものの和として定義されている。

このとき前節と同様に，(x^*, y^*) で z が最大値をとるならば，以下の3つの式が成り立つ。

$$\frac{\partial L(x^*, y^*, \lambda)}{\partial x} = \frac{\partial f(x^*, y^*)}{\partial x} - \lambda \frac{g(x^*, y^*)}{\partial x} = 0 \qquad (6-4)$$

$$\frac{\partial L(x^*, y^*, \lambda)}{\partial y} = \frac{\partial f(x^*, y^*)}{\partial y} - \lambda \frac{g(x^*, y^*)}{\partial y} = 0 \qquad (6-5)$$

$$\frac{\partial L(x^*, y^*, \lambda)}{\partial \lambda} = M - g(x^*, y^*) = 0 \qquad (6-6)$$

（6－4）から（6－6）の3つの式は，ラグランジュ関数を，もともとの2変数 x, y と，ラグランジュ乗数 λ の，合計3つの変数で偏微分した値が0となることを意味している。すなわち，2変数の目的関数の最大化問題が，制約が加わることで3変数の最大化問題に置き換わっていることが見て取れる。

さらに，前節と比較すると，（6－3）と（6－6）は同じ条件式で，かつ（6－4）式と（6－5）式から λ を消去すれば（6－2）式が得られること

も容易に確かめられる。

> **問題 2** 以下の制約条件付き最大化問題を解きなさい。
>
> (1) $\max_{x,y} z = xy$
> s.t. $x^2 + y^2 = 1$
>
> (2) $\max_{x,y} u = x^{\frac{1}{2}} y^{\frac{1}{2}}$
> s.t. $2x + y = 50$
>
> (3) $\max_{x,y} z = 3x + y$
> s.t. $x^2 + y^2 = 4$
>
> (4) $\max_{x,y} z = x^2 - 4xy + 4y^2$
> s.t. $x^2 + y^2 = 1$

(3) 十分条件

制約つき最適化問題

$$\max_{x,y} z = f(x, y)$$
$$s.t.\ g(x, y) = M$$

で，点(x^*, y^*)が解となるための十分条件（2階の条件）を考えよう。ラグランジュ関数

$$L(x, y, \lambda) = f(x, y) + \lambda\{M - g(x, y)\}$$

を定めたとき，以下の関係が満たされるならば，点(x^*, y^*)で目的関数zは極大値をとる。

$$\begin{vmatrix} L_{xx}(x^*, y^*, \lambda^*) & L_{xy}(x^*, y^*, \lambda^*) & g_x(x^*, y^*) \\ L_{xy}(x^*, y^*, \lambda^*) & L_{yy}(x^*, y^*, \lambda^*) & g_y(x^*, y^*) \\ g_x(x^*, y^*) & g_y(x^*, y^*) & 0 \end{vmatrix} > 0$$

ただし，λ^*はこの最適化問題の必要条件（1階の条件）である（6-4）および（6-5）を満たす値である。この行列を**縁付きヘッセ行列**という。

また同様に制約付き最小化問題，すなわち

$$\min_{x,y} z = f(x, y)$$
$$s.t.\ g(x, y) = M$$

のケースでは，ラグランジュ関数

$$L(x, y, \lambda) = f(x, y) + \lambda\{M - g(x, y)\}$$

を定めたとき，以下の関係が満たされるならば，点 (x^*, y^*) が極小値をとる。

$$\begin{vmatrix} L_{xx}(x^*, y^*, \lambda^*) & L_{xy}(x^*, y^*, \lambda^*) & g_x(x^*, y^*) \\ L_{xy}(x^*, y^*, \lambda^*) & L_{yy}(x^*, y^*, \lambda^*) & g_y(x^*, y^*) \\ g_x(x^*, y^*) & g_y(x^*, y^*) & 0 \end{vmatrix} < 0$$

問題 3 次の制約条件付き最適化問題を解き，それが2階の条件を満たすことを示しなさい。

(1) $\min_{x, y} z = -x^2 y$
 $s.t.\ x + y^2 = 5$

(2) $\max_{x, y} z = xy$
 $s.t.\ 2x^2 + y^2 = 5$

[3] 不等号制約条件つき最適化問題

初めにもっとも単純なケースとして，

$$\max_x f(x) \quad s.t.\ x \geqq 0$$

を考える。

この最適解 x^* は，もし $x^* > 0$ ならば図6-6のように制約条件が等号では効いてこないケースとなり，このとき $f'(x^*) = 0$ である。もし $x^* = 0$ ならば制約条件が等号で効いてくる。このときには図6-7および図6-8のように，$x = 0$ の近くで $f(x)$ は減少しているか頂点となっているはずで，前者では $f'(x^*) < 0$，後者では $f'(x^*) = 0$ である。したがって2つの条件を合わせると $f'(x^*) \leqq 0$ になる。以上をまとめると

$$x^* f'(x^*) = 0, \quad f'(x^*) \leqq 0$$

となる。これをラグランジュ関数

$$L(x, \lambda) \equiv f(x) + \lambda x$$

を用いて書き直すと1階の条件は，

$$\frac{\partial L(x^*, \lambda^*)}{\partial x} = f'(x^*) + \lambda^* = 0$$

$$\frac{\partial L(x^*, \lambda^*)}{\partial \lambda} = x^*$$

となる。制約条件が等号で効くときには，$x^* = 0$ であるから，1階の条件の第2の式は $\frac{\partial L(x^*, \lambda^*)}{\partial \lambda} = x^* = 0$ となる。このとき $f'(x^*) \leq 0$ より $\lambda^* \geq 0$ である。また，制約条件が不等号で効くときには，$x^* \geq 0$ であり，かつ $f'(x^*) = \lambda^* = 0$ となる。したがって，以下の関係を得る。

$$\lambda^* \frac{\partial L(x^*, \lambda^*)}{\partial \lambda} = \lambda^* x^* = 0, \quad \lambda^* \geq 0, \quad x^* \geq 0$$

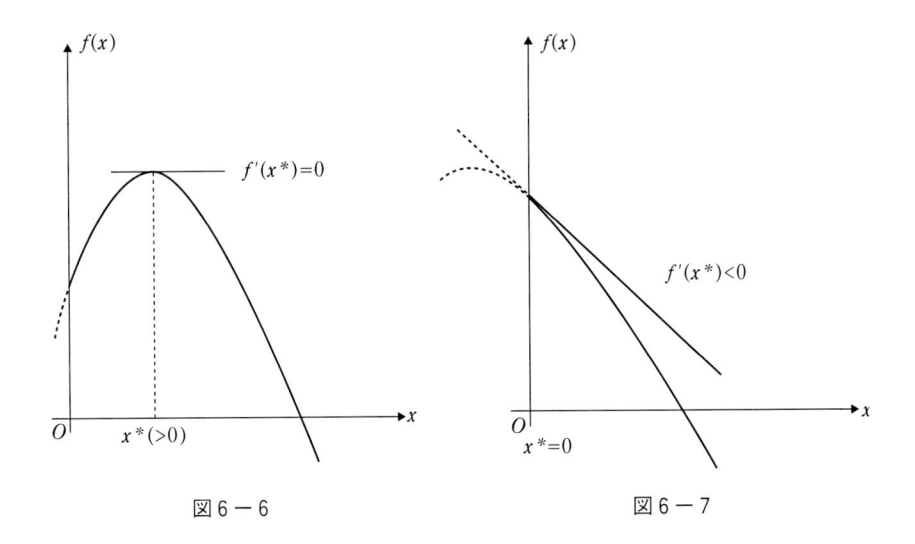

図6－6

図6－7

図6-8

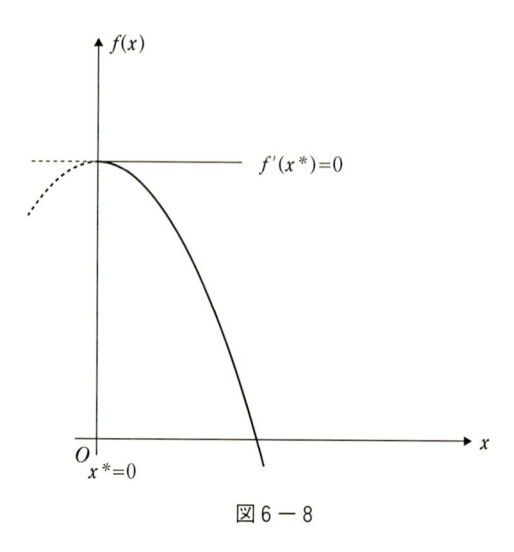

次に，一般形として2変数関数の不等号制約条件つき最大化問題

$$\max_{x, y} f(x, y)$$
$$s.t. \, g(x, y) \leqq b$$

を考える。先のケースと同様にして，最適解 $(x, y) = (x^*, y^*)$ において，

$$\nabla g(x^*, y^*) \equiv \begin{bmatrix} g_x(x^*, y^*) \\ g_y(x^*, y^*) \end{bmatrix} \neq \begin{bmatrix} 0 \\ 0 \end{bmatrix}$$

であるとき，ラグランジュ関数

$$L(x, y, \lambda) \equiv f(x, y) + \lambda(b - g(x, y))$$

に対して，ある λ^* が存在し，

$$\frac{\partial L(x^*, y^*, \lambda^*)}{\partial x} = 0, \quad \frac{\partial L(x^*, y^*, \lambda^*)}{\partial y} = 0$$
$$\lambda^* \frac{\partial L(x^*, y^*, \lambda^*)}{\lambda} = \lambda^*(b - g(x^*, y^*)) = 0, \quad \frac{\partial L(x^*, y^*, \lambda^*)}{\lambda} = b - g(x^*, y^*) \geqq 0,$$
$$\lambda^* \geqq 0$$

が満たされる。これを**クーン・タッカーの定理**という。

クーン・タッカーの定理では，$\lambda^* = 0$ か $b - g(x^*, y^*) = 0$ のどちらかが満たされていることになる。後者は［2］で学んだ等号制約条件付き最適化問題と同じことになり，制約条件式は有効である。前者は制約条件式が実際には効いておらず，非有効である。

> **問題 4**　次の制約条件付き最大化問題を解きなさい。
> $$\max_{x, y} x^2 + y^2 \quad s.t. \ 2x^2 + y^2 \leq 4$$

第7章
経済学への応用3

[1] 需要関数の導出

以下の消費者の効用最大化問題から，X 財と Y 財の需要関数を導くことを考えよう。

$$\max_{x,y} u = x^\alpha y^\beta$$
$$s.t.\ p_x x + p_y y = M$$

ただし，x, y は X 財と Y 財の消費量，p_x, p_y は X 財と Y 財の価格とする。ここでの効用関数は $\alpha + \beta = 1$ ならばコブ＝ダグラス型の効用関数とよばれる。初めに最適消費点では，限界代替率と財価格比が等しいことに着目しよう。効用関数 u を全微分して，

$$du = \alpha x^{\alpha-1} y^\beta dx + \beta x^\alpha y^{\beta-1} dy$$

となる。限界代替率は同じ無差別曲線上の比較だから，$du = 0$ を代入すると，

$$MRS = -\frac{dy}{dx}\bigg|_{u=\bar{u}} = \frac{\alpha x^{\alpha-1} y^\beta}{\beta x^\alpha y^{\beta-1}} = \frac{\alpha y}{\beta x}$$

が得られる。よって最適消費点では，

$$\frac{\alpha y}{\beta x} = \frac{p_x}{p_y} \tag{7-1}$$

が成り立つ。

これに制約条件式

$$p_x x + p_y y = M \tag{7-2}$$

を連立させて解くことで，

$$x = \frac{\alpha M}{p_x(\alpha + \beta)}$$

が求まる。これは予算 M が所与の下での，価格 p_x と需要量 x の関数関係を表す**需要曲線**である。このケースでは p_x が大きいほど x は小さくなり，需要曲線は横軸に x，縦軸に p_x をとったときに，右下がりの形状となることがわかる。

同様にして，y 財についても

$$y = \frac{\beta M}{p_y(\alpha + \beta)}$$

が求まる。

問題1 次の最適消費問題から，X 財と Y 財の需要曲線を求めなさい。

(1) $\max_{x, y} u = x^{\frac{1}{2}} y^{\frac{1}{3}}$
    $s.t.\ p_x x + p_y y = 50$

(2) $\max_{x, y} u = xy + x + y$
    $s.t.\ p_x x + p_y y = M$

(3) $\max_{x, y} u = \frac{xy}{x+y}$
    $s.t.\ p_x x + p_y y = M$

ここで，(2) および (3) で導かれた X 財と Y 財の需要曲線は，いずれも p_x, p_y の両方の値の関数となっている。これに対し，$u = x^\alpha y^\beta$ の形の効用関数で需要曲線を求めると，X 財は p_x だけの関数となり，p_y からは独立して決まることに留意する必要がある。

［2］企業の最適行動
（1） 1要素1財モデル

ある企業が労働を用いて X 財を生産するとする。X 財の生産量を x，労働投入量を L としたとき，生産関数は，

$$x = L^{\frac{1}{2}}$$

で与えられるとしよう。X 財の価格を p，賃金を w としたとき，この企業の利潤 π は，

$$\pi = px - wL$$

で与えられる。このとき，利潤が最大となるための労働投入量を求めることを考える。1 階の条件は，

$$\frac{\partial \pi}{\partial L} = p\frac{dx}{dL} - w = \frac{1}{2}L^{-\frac{1}{2}}p - w = 0$$

となる。なお上の式で導かれる，$p\frac{dx}{dL} - w = 0$ という関係は，賃金は労働の限界生産物価値と等しいことを意味し，利潤最大化の条件として広く知られているものである。

上の式を変形して，

$$L = \frac{p^2}{4w^2}$$

を得る。これは財価格と要素価格に対応する最適な要素投入量を表す，企業の要素需要関数である。また，

$$x = \frac{p}{2w}$$

となるが，これは財価格と要素価格に対応する最適な生産量を表す，企業の供給関数である。

なお，このケースの 2 階の条件は，

$$\frac{d^2\pi}{dL^2} = p\frac{d^2x}{dL^2} = -\frac{1}{4}L^{-\frac{3}{2}}p = -\frac{1}{4}L^{-1}L^{-\frac{1}{2}}p = -\frac{p}{4L\sqrt{L}} < 0$$

となって，満たされている。

問題 2 企業の生産関数が，$x = L^{\frac{3}{4}}$ のときの，要素需要関数と供給関数を求めなさい。

（2）2要素1財モデル

ある企業が労働と資本を用いて X 財を生産するとする。X 財の生産量を x，労働投入量を L，資本投入量を K としたとき，生産関数は，

$$x = 4L^{\frac{1}{2}}K^{\frac{1}{4}}$$

で与えられるとしよう。X 財の価格を p，賃金を w，資本レンタルを r としたとき，この企業の利潤 π は，

$$\pi = px - wL - rK$$

で与えられる。このとき，利潤が最大となるための労働投入量および資本投入量を求めることを考える。1階の条件は，

$$\frac{\partial \pi}{\partial L} = p\frac{\partial x}{\partial L} - w = 2pL^{-\frac{1}{2}}K^{\frac{1}{4}} - w = 0$$

$$\frac{\partial \pi}{\partial K} = p\frac{\partial x}{\partial K} - r = pL^{\frac{1}{2}}K^{-\frac{3}{4}} - r = 0$$

となる。なお上の式で導かれる，$p\frac{\partial x}{\partial L} - w = 0$ および $p\frac{\partial x}{\partial K} - r = 0$ という関係は，賃金は労働の限界生産物価値と等しい，資本レンタルは資本の限界生産物価値と等しいことを意味し，利潤最大化の条件として広く知られているものである。

上の式を変形して，

$$L = \frac{8p^4}{w^3 r}, \quad K = \frac{4p^4}{w^2 r^2}$$

を得る。これは財価格と要素価格に対応する最適な要素投入量を表す，企業の要素需要関数である。また，

$$x = \frac{16p^3}{w^2 r}$$

となるが，これは財価格と要素価格に対応する最適な生産量を表す，企業の供給関数である。

なお，このケースの2階の条件は，

$$\frac{\partial^2 \pi}{\partial L^2} = p\frac{\partial^2 x}{\partial L^2} = -pL^{-\frac{3}{2}}K^{\frac{1}{4}} < 0$$

$$\frac{\partial^2 \pi}{\partial K^2} = p\frac{\partial^2 x}{\partial K^2} = -\frac{3}{4}pK^{-\frac{7}{4}}L^{\frac{1}{2}} < 0$$

および，

$$\frac{\partial^2 \pi}{\partial L \partial K} = p\frac{\partial^2 x}{\partial L \partial K} = \frac{1}{2}pL^{-\frac{1}{2}}K^{-\frac{3}{4}} > 0$$

から，

$$\begin{vmatrix} \frac{\partial^2 \pi}{\partial L^2} & \frac{\partial^2 \pi}{\partial L \partial K} \\ \frac{\partial^2 \pi}{\partial L \partial K} & \frac{\partial^2 \pi}{\partial K^2} \end{vmatrix} = \frac{1}{2}p^2 L^{-1} K^{-\frac{3}{2}} > 0$$

となって，満たされていることがわかる。

問題 3 企業の生産関数が，$x = 6L^{\frac{1}{2}}K^{\frac{1}{3}}$のときの，要素需要関数と供給関数を求めなさい。

（3） 1要素2財モデル

ある企業が労働を用いてX財およびY財を生産するとする。X財の生産量をx，Y財の生産量をy，労働投入量をLとしたとき，生産関数は，

$$x^2 + 2y^2 = L$$

で与えられるとしよう。このように，複数の財が同時に生産されることを**結合生産**という。X財の価格をp，Y財の価格をq，賃金をwとしたとき，この企

業の利潤 π は，

$$\pi = px + qy - wL$$

で与えられる。このとき，利潤が最大となるための労働投入量および2つの財の生産量を求めることを考える。$x^2 + 2y^2 = L$ から，L は x および y の関数と考えることができるので，結局

$$\pi = px + qy - w(x^2 + 2y^2)$$

を最大化するように，生産量を選択する最適化問題を解くと考えればよい。1階の条件は，

$$\frac{\partial \pi}{\partial x} = p - 2wx = 0$$

$$\frac{\partial \pi}{\partial y} = q - 4wy = 0$$

となる。ここから，企業の供給関数

$$x = \frac{p}{2w}$$

$$y = \frac{q}{4w}$$

が得られる。また要素需要関数は，$x^2 + 2y^2 = L$ に代入して

$$L = \frac{2p^2 + q^2}{8w^2}$$

と求められる。なおこのケースの2階の条件は，

$$\frac{\partial^2 \pi}{\partial x^2} = -2w < 0, \quad \frac{\partial^2 \pi}{\partial y^2} = -4w < 0, \quad \frac{\partial^2 \pi}{\partial x \partial y} = 0$$

$$\begin{vmatrix} \frac{\partial^2 \pi}{\partial x^2} & \frac{\partial^2 \pi}{\partial x \partial y} \\ \frac{\partial^2 \pi}{\partial x \partial y} & \frac{\partial^2 \pi}{\partial y^2} \end{vmatrix} = 8w^2 > 0$$

となって，満たされていることがわかる。

問題 4 ある企業は2つの財を結合生産しており，その生産関数が，$x^3 + y^2 = L$ であるとする。このときの，要素需要関数と供給関数を求めなさい。

練習問題解答　ANSWER

第1章　関　数

問題1　(1)　(2)

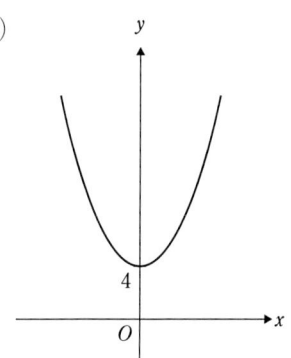

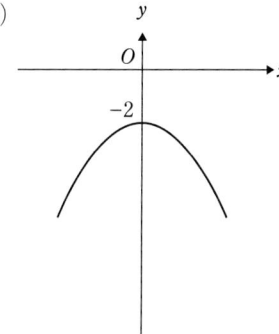

問題2　(1) 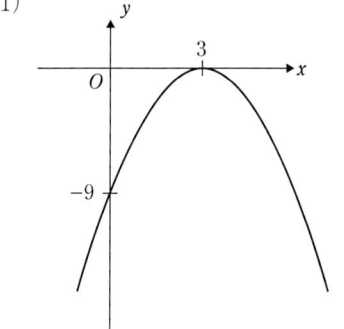　(2)

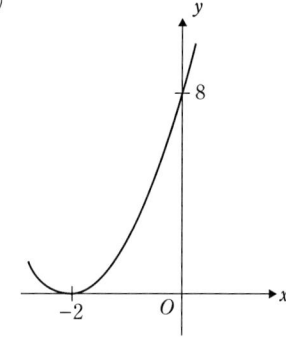

問題 3　(1)　(2)

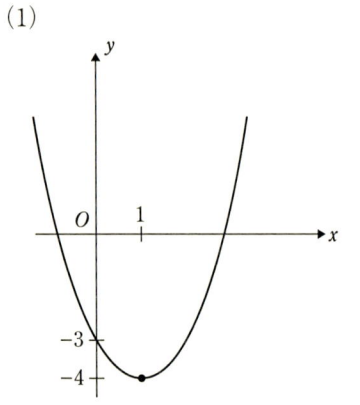

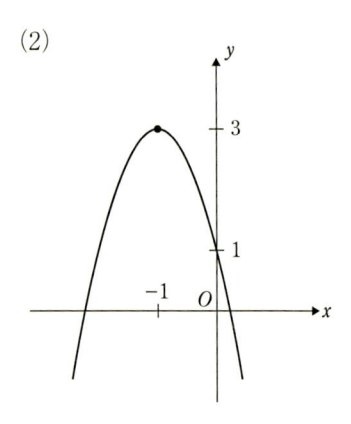

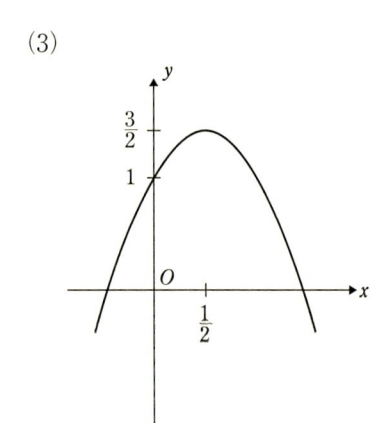

(3)

問題 4　(1) $y = (x-2)^2 - 1$　　(2) $y = -(x - \frac{3}{2})^2 + \frac{5}{4}$
　　　　(3) $y = 2(x+1)^2 + 1$　　(4) $y = -\frac{1}{2}(x+1)^2 + \frac{1}{2}$

問題 5　x 方向に 4，y 方向に 5

問題 6　$y = 2x^2 - 5x + 2$

問題 7　$a = 2,\ b = -1$

練習問題解答　121

問題 8　(1) $x=-3$ のとき最小値 -18　(2) $x=1$ のとき最大値 4

　　　　(3) $x=-1$ のとき最大値 18　(4) $x=-\dfrac{2}{3}$ のとき最小値 $-\dfrac{11}{9}$

問題 9　(1) $x=0$ のとき最小値 -4，$x=-2, 2$ のとき最大値 8

　　　　(2) $x=2$ のとき最小値 3，最大値はなし

　　　　(3) $x=2$ のとき最小値 -2，最大値はなし

　　　　(4) $x=0$ のとき最大値 1，最小値はなし

問題 10　$c=-4$，$y=5$

問題 11　$x=y=1$ のとき最小値 3

問題 12　$x=\dfrac{5}{2}, y=5$ のとき最大値 $\dfrac{25}{2}$，$x=5, y=0$ のとき最小値 0

問題 13　$x^2+2y^2=1$ から $-1\leqq x \leqq 1$ であることに注意して求める。

　　　　$x=\dfrac{2}{3}, y=\pm\dfrac{\sqrt{10}}{6}$ で最大値 $\dfrac{13}{6}$，$x=-1, y=0$ で最小値 -2

問題 14　(1) $-3a^7$　(2) $2a^5b^4$　(3) $-8a^5$　(4) $-a^5b^8$

問題 15　(1) -3　(2) 5　(3) ± 3

問題 16　(1) 3　(2) -5　(3) 2　(4) -0.5

問題 17　(1) 3　(2) 2　(3) $2\sqrt[5]{16}$　(4) 2

問題 18　(1) 1　(2) $\dfrac{1}{9}$　(3) $\dfrac{9}{4}$　(4) 128　(5) 1

問題 19　(1) a^{-2}　(2) a^6　(3) b^4　(4) a^2　(5) -1

　　　　(6) $\dfrac{1}{a}$　(7) $18a^5$

問題 20　(1) 125　(2) $\dfrac{1}{9}$　(3) $\dfrac{1}{27}$　(4) $\dfrac{1}{9}$　(5) 2

問題 21　(1) $a^{\frac{2}{3}}$　(2) $a^{-\frac{5}{3}}$　(3) $a^{\frac{1}{6}}$　(4) $a^{\frac{3}{4}}$

第 2 章　微分法

問題 1　29.4

問題 2　(1) -2　　(2) $h+4$

問題 3　(1) $f'(2)=7$　　(2) $f'(a)=2a$

問題 4　(1) $f'(0)=2,\ f'(a)=2$　　(2) $f'(0)=2,\ f'(a)=2a+2$

問題 5　(1) $f'(x)=2x-2$　　(2) $f'(x)=3x^2+1$

問題 6　略

問題 7　(1) $y'=-6x+5$　　(2) $y'=3x^2-10x+4$

　　　　(3) $y'=8x-4$　　(4) $y'=3x^2$

　　　　(5) $y'=24x^2-72x+54$

問題 8　(1) -12　(2) 27

問題 9　(1)

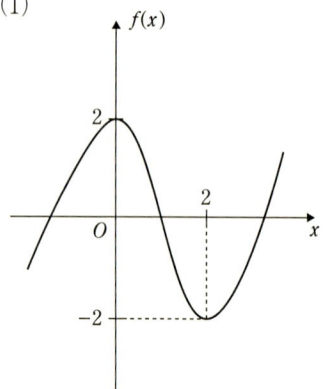

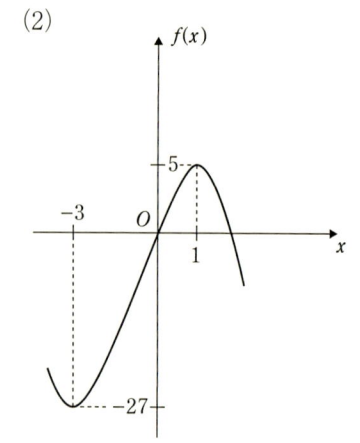

(2)

問題 10　$y''=12x^2-12x+6$

問題 11　$x=1,\ -1$ のとき極小値 1，$x=0$ のとき極大値 2

問題 12　(1) $x<0$ で上に凸，$x>0$ で下に凸

(2) $x<0$, $x>\dfrac{1}{2}$ で下に凸，$0<x<\dfrac{1}{2}$ で上に凸

問題13　(1) $y'=6x^2+6x-4$　　(2) $y'=8x^3-12x^2+14x-2$

(3) $y'=-8x^3-9x^2-8x+3$　(4) $y'=6x^2+2x-7$

問題14　(1) $y'=8x^3+\dfrac{9}{x^4}$　　(2) $y'=\dfrac{-2(x^2-x+1)}{(x^2-1)^2}$

(3) $y'=\dfrac{-x^2+1}{(x^2-x+1)^2}$

問題15　(1) $y'=-8(3-2x)^3$　　(2) $y'=3(3x^2-2x+1)^2(6x-2)$

(3) $y'=\dfrac{-6}{(3x+2)^3}$　　(4) $y'=3\left(\dfrac{x-1}{x}\right)^2\dfrac{1}{x^2}$

問題16　(1) $y'=\dfrac{3}{4\sqrt[4]{x}}$　　(2) $y'=-\dfrac{x}{\sqrt{16-x^2}}$

問題17　(1) $\dfrac{dy}{dx}=-\dfrac{x}{y+1}$ $(y\neq -1)$　(2) $\dfrac{dy}{dx}=\dfrac{2}{y}$, $(y\neq 0)$

問題18　(1) $\dfrac{dy}{dx}=\dfrac{1}{4(\sqrt[4]{x^3})}$　(2) $\dfrac{dy}{dx}=\dfrac{2}{3\sqrt[3]{(2x+1)^2}}$

問題19　(1) $\dfrac{dy}{dx}=8t\sqrt{t+2}$　(2) $\dfrac{dy}{dx}=1$

問題20

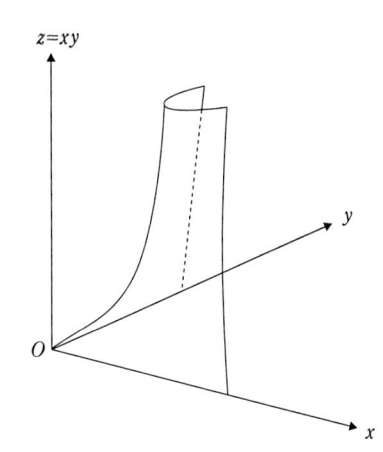

$z=xy$

$z=\sqrt{16-x^2-y^2}$

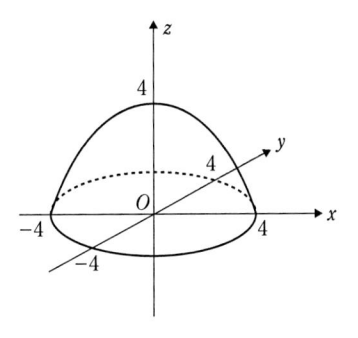

問題21　(1) $f_x = 10x + 3$, $f_y = 6$

(2) $f_x = 3x^2 + 4xy + 2x - 7y^2 + 4y - 9$, $f_y = 2x^2 - 14xy + 4x + 6y^2$

問題22　(1) $\dfrac{\partial^2 z}{\partial x^2} = 12x^2 y^3$, $\dfrac{\partial^2 z}{\partial x \partial y} = \dfrac{\partial^2 z}{\partial y \partial x} = 12x^3 y^2$, $\dfrac{\partial^2 z}{\partial y^2} = 6x^4 y$

(2) $\dfrac{\partial^2 z}{\partial x^2} = \dfrac{2y^2}{x^3}$, $\dfrac{\partial^2 z}{\partial x \partial y} = \dfrac{\partial^2 z}{\partial y \partial x} = -\dfrac{2y}{x^2}$, $\dfrac{\partial^2 z}{\partial y^2} = \dfrac{2}{x}$

問題23　(1) $dz = \dfrac{1}{2}\left(\sqrt{\dfrac{y}{x}}\,dx + \sqrt{\dfrac{x}{y}}\,dy\right)$　(2) $dz = (2x + 3y)\,dx + (3x + 4y)\,dy$

問題24　(1) $\dfrac{dy}{dx} = -\dfrac{x}{y}$　(2) $\dfrac{dy}{dx} = \dfrac{2x - 2y}{2x - 3y^2}$

第3章　経済学への応用1

問題1　$e_d = \dfrac{1}{4}$, $\dfrac{1}{2}$

問題2　$\dfrac{dX}{dp} = \dfrac{CG}{GA}$, $e_d = -\dfrac{p}{X}\dfrac{dX}{dp} = \dfrac{GA}{GO}\dfrac{CG}{GA} = \dfrac{GC}{GO}$

問題3　(1) 逓減　　(2) 逓増

問題4　$F_K = \dfrac{12}{5} K^{-\frac{1}{5}} L^{\frac{1}{5}}$, $F_L = \dfrac{3}{5} K^{\frac{4}{5}} L^{-\frac{4}{5}}$, $MRS = \dfrac{F_L}{F_K} = 4\dfrac{K}{L} = \dfrac{243}{8}$

問題5　$wL = 0.2X$ から $L/X = 2.5$

問題6　$MC = 3X^2 - 12X + 24$。$P = MC$ から $X = 6$, このとき $\pi = 216$

問題7　$MC = 3X^2 - 12X + 15$, $AVC = X^2 - 6X + 15$。$MC = AVC$ から $X = 3$。このとき $MC = AVC = p = 6$

問題8　$TC = X^3 - 10X^2 + 32X + 72$, $AC = X^2 - 10X + 32 + \dfrac{72}{X}$, $AVC = X^2 - 10X + 32$。損益分岐点は $MC = AC$ から $X = 6$, このとき $p = 20$。操業停止点は $MC = AVC$ から $X = 5$, このとき $p = 7$

第4章　行列

問題1　(1) 5　　(2) −3　　(3) 1

問題2　(1) 3×3　(2) 3×2　(3) 1×2

問題3　(1) $a=5,\ b=3,\ c=-3,\ d=4$

　　　(2) $a=-2,\ b=-4,\ c=2,\ d=3$

問題4　(1) $\begin{bmatrix} 2 & 3 \\ 3 & 6 \end{bmatrix}$　(2) $\begin{bmatrix} -1 & 13 & -3 \\ 3 & 7 & 5 \\ 2 & 12 & 0 \end{bmatrix}$

問題5　(1) $\begin{bmatrix} 3 & 3 \\ -2 & -2 \end{bmatrix}$　(2) $\begin{bmatrix} -8 & 1 & -3 \\ 4 & 2 & 2 \\ 3 & -4 & -3 \end{bmatrix}$

問題6　(1) $\begin{bmatrix} -6 & -5 \\ 9 & -14 \end{bmatrix}$　(2) $\begin{bmatrix} 15 & -15 & 2 \\ 1 & 32 & -4 \end{bmatrix}$

問題7　$\begin{bmatrix} \frac{22}{3} & -\frac{8}{3} \\ \frac{14}{3} & -4 \end{bmatrix}$

問題8　(1) $\begin{bmatrix} 12 \\ 10 \end{bmatrix}$　(2) $\begin{bmatrix} 15 \\ -5 \end{bmatrix}$

問題9　(1) $\begin{bmatrix} -1 & -4 \\ 9 & 22 \end{bmatrix}$　(2) $\begin{bmatrix} 10 & 5 & 7 \\ 1 & 2 & 2 \\ 3 & 0 & 1 \end{bmatrix}$　(3) $\begin{bmatrix} 15 & -6 & -11 \\ 6 & 4 & 2 \\ 21 & 2 & -5 \end{bmatrix}$

問題10　$\begin{bmatrix} -18 & 38 \\ 11 & -31 \end{bmatrix}$

問題11　$A^2 = E$ より $A^{15} = A = \begin{bmatrix} 2 & 1 \\ -3 & -2 \end{bmatrix}$

問題12 (1) $\dfrac{1}{2}\begin{bmatrix} 3 & -2 \\ -5 & 4 \end{bmatrix}$ (2) 逆行列はない (3) $\begin{bmatrix} 4 & 3 \\ -3 & -2 \end{bmatrix}$

問題13 略

問題14 略

問題15 (1) $\begin{bmatrix} 0 & 2 \\ -1 & 4 \end{bmatrix}$ (2) $\begin{bmatrix} 3 & 1 \\ 1 & 1 \end{bmatrix}$

問題16 (1) $\begin{bmatrix} 4 \\ -1 \end{bmatrix}$ (2) $\begin{bmatrix} 2 \\ -1 \end{bmatrix}$ (3) $\begin{bmatrix} \dfrac{1}{a^2+1} \\ \dfrac{a}{a^2+1} \end{bmatrix}$

問題17 (1) $x=1,\ y=-2,\ z=3$ (2) 解なし

問題18 (1) $\begin{bmatrix} -5 & 2 \\ 3 & -1 \end{bmatrix}$ (2) $\dfrac{1}{2}\begin{bmatrix} -2 & 3 \\ 4 & -5 \end{bmatrix}$ (3) $-\dfrac{1}{15}\begin{bmatrix} -2 & 5 & -7 \\ 1 & 5 & -4 \\ -5 & 5 & 5 \end{bmatrix}$

(4) 逆行列は存在しない

問題19 略

問題20 (1) 4 (2) -25 (3) -15

問題21 (1) -15 (2) 3

問題22 略

問題23 (1) -2 (2) $(a+c)(b+e)-(b+c-d)(a+e-f)$

問題24 (1) $\dfrac{1}{3}\begin{bmatrix} -1 & -2 & 7 \\ 2 & 1 & -5 \\ -1 & 1 & 1 \end{bmatrix}$ (2) $\dfrac{1}{159}\begin{bmatrix} 6 & 3 & 21 \\ 39 & -60 & 4 \\ 12 & 6 & -11 \end{bmatrix}$

(3) $\dfrac{1}{18}\begin{bmatrix} 2 & 4 & 2 \\ 4 & -1 & -5 \\ 2 & -5 & 11 \end{bmatrix}$

問題25 (1) $x=1,\ y=-1,\ z=2$ (2) $x=-5,\ y=3,\ z=1$

練習問題解答　127

第5章　経済学への応用2

問題1　(1) $E-A = \begin{bmatrix} 0.8 & -0.3 & -0.1 \\ -0.1 & 0.7 & -0.1 \\ -0.2 & -0.4 & 0.8 \end{bmatrix}$　首座小行列式は，

$$0.8 > 0, \quad \begin{vmatrix} 0.8 & -0.3 \\ -0.1 & 0.7 \end{vmatrix} = 0.53 > 0, \quad \begin{vmatrix} 0.8 & -0.3 & -0.1 \\ -0.1 & 0.7 & -0.1 \\ -0.2 & -0.4 & 0.8 \end{vmatrix} = 0.368 > 0$$

(2) $(E-A)^{-1} = \dfrac{1}{0.368}\begin{bmatrix} 0.52 & 0.28 & 0.10 \\ 0.10 & 0.54 & 0.09 \\ 0.18 & 0.38 & 0.53 \end{bmatrix}$, $X = (E-A)^{-1}C = \begin{bmatrix} 10.43 \\ 6.74 \\ 11.30 \end{bmatrix}$

問題2　$\begin{bmatrix} Y \\ r \end{bmatrix} = \begin{bmatrix} 250 \\ 0.05 \end{bmatrix}$

問題3　$dY = 5, \; dr = -0.5$

問題4　$dY = 10$ 兆円

第6章　最適化問題

問題1　(1) $x = 4, \; y = 3$ のとき極大値 $z = 13$

(2) $x = 1, \; y = 2$ のとき極小値 $z = 15$

(3) $x = 2, \; y = 2$ のとき極小値 $z = -8$（1階の条件から出てくる $x = 0$, $y = 0$ では鞍点）

問題2　(1) $(x, y) = (\pm\dfrac{\sqrt{2}}{2}, \pm\dfrac{\sqrt{2}}{2})$　複号同順　(2) $x = \dfrac{25}{2}, \; y = 25$

(3) $x = \dfrac{3\sqrt{10}}{5}, \; y = \dfrac{\sqrt{10}}{5}$　(4) $(x, y) = (\pm\dfrac{\sqrt{5}}{5}, \mp\dfrac{2\sqrt{5}}{5})$　複号同順

問題 3　(1) $x = 4$, $y = 1$　(2) $x = \pm\dfrac{\sqrt{5}}{2}$, $y = \pm\dfrac{\sqrt{10}}{2}$

問題 4　$(x, y) = (0, \pm 2)$

第 7 章　経済学への応用 3

問題 1　(1) $x = \dfrac{30}{p_x}$, $y = \dfrac{20}{p_y}$　(2) $x = \dfrac{M + p_y - p_x}{2p_x}$, $y = \dfrac{M + p_x - p_y}{2p_y}$

(3) $x = \dfrac{M}{p_x + \sqrt{p_x}\sqrt{p_y}}$, $y = \dfrac{M}{p_y + \sqrt{p_x}\sqrt{p_y}}$

問題 2　$L = (\dfrac{3}{4})^4 \dfrac{p^4}{w^4}$, $x = (\dfrac{3}{4})^3 \dfrac{p^3}{w^3}$,

問題 3　$L = \dfrac{324 p^6}{r^2 w^4}$, $K = \dfrac{216 p^6}{r^3 w^3}$, $x = \dfrac{648 p^5}{r^2 w^3}$

問題 4　$x = \sqrt{\dfrac{p_x}{3w}}$, $y = \dfrac{p_y}{2w}$, $L = (\dfrac{p_x}{3w})^{\frac{3}{2}} + (\dfrac{p_y}{2w})^2$

参考文献 REFERENCE

　本書を使って経済数学の基本を学ぶ際に，並行して読むことが望ましい独習用の参考書としては，
① 『経済数学入門』岡部恒治著　新世社　1998 年
② 『経済学に最小限必要な数学　高校数学編』経済セミナー増刊　日本評論社　2004 年
がある。とりわけ①は説明および問題演習の解答も丁寧である。
　上記 2 冊が数学に特化した内容であるのに対して，経済学への応用にもページが割かれているものとしては，
③ 『経済学によく出てくる数学』岡村宗二／加藤正昭著　同文館出版　2006 年
④ 『はじめよう経済数学』浅利一郎／山下隆之著　日本評論社　2003 年
⑤ 『基礎コース経済数学』武隈愼一／石村直之著　新世社　2003 年
が良い。③は本書と扱う範囲もほぼ同じであり，ミクロ・マクロの基本トピックスがおさえられている。④，⑤は動学モデルなどより進んだ内容まで含んでいる。
　「はじめに」でも書いたように，地方上級クラスの公務員試験などの対策には，本書のレベルの数学でほぼ十分であるが，国家上級などの難関試験対策や，研究者を目指すならば，より専門的で精緻なテキストを読むべきである。古くから定評があるものとして，
⑥ 『経済数学早わかり』西村和雄著　日本評論社　1982 年
があり，広範なトピックスがよく整理されている。新しく出た
⑦ 『基礎からの経済数学』入谷純著　有斐閣　2006 年
も，いかにも数学書らしい本格的なテキストである。
　ミクロ経済学の計算問題の力をいっそう蓄えたければ，
⑧ 『ミクロ経済学　基礎と演習』今泉博国／須賀晃一／渡辺淳一著　東洋経済

新報社　2001 年
を薦める。大部の本だが，やりがいのある 1 冊である。

索　引　INDEX

ア

- IS-LM 分析 …………………93
- IS 曲線 ……………………95
- （i，j）成分 ………………66
- 鞍点 ………………………100
- 1次関数 ……………………1
- 1次同次 …………………44
- 陰関数 ……………………40
- S字型生産関数 …………55
- n 乗 ………………………10
- ────根 …………………10
- $m \times n$ 行列 …………………67
- LM 曲線 ……………………96
- オイラーの定理 …………45

カ

- 開区間 ……………………23
- 外生変数 …………………97
- 貨幣市場 …………………93
- 可変費用 …………………57
- 関数の値 ……………………1
- 奇関数 ……………………11
- 規模に関して収穫一定 …44
- 規模に関して収穫逓減 …44
- 規模に関して収穫逓増 …44
- 逆関数 ……………………34
- ────の微分 ……………34
- 逆行列 ……………………75
- 行 …………………………66
- 供給曲線 …………………64
- 供給の価格弾力性 ………43
- 行ベクトル ………………67
- 行列 ………………………66
- ────式 …………………76
- ────の基本変形 ………79
- 極限値 ……………………17
- 極小 ………………………25
- ────値 …………………25
- 極大 ………………………25
- ────値 …………………25
- 均衡 GDP …………………96
- 均衡利子率 ………………96
- 偶関数 ……………………11
- クラメールの公式 ………90
- クーン・タッカーの定理 …111
- ケインズ型の消費関数 …94
- 結合生産 …………………116
- 限界生産物逓減の法則 …46
- 限界代替率 ………………48
- ────逓減の法則 ………48
- 限界費用 …………………57
- 減少関数 …………………23
- 交叉偏導関数 ……………38
- 合成関数の微分 …………32
- 固定費用 …………………57
- コブ＝ダグラス型の生産関数 …45

サ

- 財市場 ……………………93
- サラスの法則 ……………82
- 産業連関分析 ……………91
- CES 生産関数 ……………54
- 軸 ……………………………2

指数……………………………………10
実質貨幣供給量………………………95
資本の限界生産物……………………46
首座小行列式…………………………92
需要曲線………………………………113
需要の価格弾力性……………………42
需要の所得弾力性……………………43
小行列…………………………………84
消去法…………………………………79
商の微分………………………………30
消費性向………………………………94
生産関数………………………………44
生産要素………………………………43
正則行列………………………………75
正値定符号……………………………103
正定値…………………………………103
成分……………………………………66
正方行列………………………………67
制約条件式……………………………104
積の微分………………………………29
接線……………………………………23
接点……………………………………23
零行列…………………………………74
線形生産関数…………………………54
全微分…………………………………39
増加関数………………………………23
操業停止価格…………………………63
操業停止点……………………………64
相似拡大的……………………………49
総収入…………………………………60
────線………………………………60
総費用曲線……………………………56
損益分岐価格…………………………63
損益分岐点……………………………63

タ

対称行列………………………………82

代替……………………………………46
────の弾力性…………………………52
第2次導関数…………………………26
単位行列………………………………74
短期……………………………………55
弾力的…………………………………43
長期……………………………………55
頂点……………………………………2
定義域…………………………………8
転置行列………………………………81
導関数…………………………………20
投機的動機……………………………95
等号制約条件つき最適化問題………104
投資関数………………………………94
等生産量曲線…………………………46
投入係数………………………………91
等量曲線………………………………46
取引的動機……………………………95

ナ

内生変数………………………………97
2階の微分……………………………26
2次関数………………………………1
2乗根…………………………………10
2変数関数……………………………36
ニュメレール…………………………52

ハ

媒介変数………………………………35
────表示………………………………35
掃き出し法……………………………79
比較静学分析…………………………98
非弾力的………………………………43
微分……………………………………20
────係数………………………………19
縁付きヘッセ行列……………………107
負値定符号……………………………103

負定値 …………………………103	余因子 …………………………84
不等号制約条件つき最適化問題 ………108	――行列 ……………………87
平均可変費用 …………………………59	――展開 ……………………84
平均費用 ………………………………58	陽関数 …………………………40
平均変化率 ……………………………18	予備的動機 ……………………95
閉区間 …………………………………23	

ラ

平面 ……………………………………36	ラグランジュアン ………………106
ヘッシアン ……………………………102	ラグランジュ関数 ………………106
変曲点 …………………………………28	ラグランジュ乗数 ………………105
偏導関数 ………………………………38	ラグランジュ未定乗数法 ………105
偏微分 …………………………………38	累乗 ………………………………10
――可能 ……………………………38	――根 ……………………………10
――係数 ……………………………37	レオンチェフ型の生産関数 ………54
放物線 …………………………………1	レオンチェフ・モデル …………92
ホーキンス＝サイモンの条件 ………92	列 …………………………………66
ホモセティック ………………………49	――ベクトル ……………………67
	労働の限界生産物 ………………46

マ

ワ

目的関数 ……………………………106	ワルラス法則 ……………………93

ヤ

ヤングの定理 ……………………………38

《著者紹介》
近藤健児（こんどう　けんじ）
　　　中京大学経済学部教授
略　歴　1962年生
　　　　1984年　京都大学経済学部卒業
　　　　1994年　名古屋市立大学大学院経済学研究科博士後期課程修了
　　　　2000年　博士（経済学）
著　書　『国際労働移動の経済学』勁草書房，2000年
論　文　"Permanent Migrants and Cross-Border Workers — The Effects on the Host Country", *Journal of Regional Science*, 1999.
　　　　"Legal Migration and Illegal Migration: The Effectiveness of Qualitative and Quantitative Restriction Policies", *Journal of International Trade and Economic Development*, 2000.
　　　　"International Immigration, Economic Welfare in an Efficiency Wage Model", *Pacific Economic Review*, 2004.
　　　　"Trans-Boundary Pollution and International Migration", *Review of International Economics*, 2006.
　　　　"Trans-Boundary Pollution and Brain Drain Migration", *Review of Development Economics*, 2007.
　　　　"Temporary and Permanent Immigration under Unionization (with Laixun Zhao)", *Review of Development Economics*, 2007.
　　　　他多数

（検印省略）

2007年4月20日　初版発行
2009年4月20日　二刷発行
2011年4月20日　三刷発行
2013年4月20日　四刷発行
2014年4月20日　五刷発行
2018年4月20日　六刷発行

略称－経済数学

ファーストステップ経済数学

　　　著　者　近藤健児
　　　発行者　塚田尚寛

発行所　東京都文京区　　株式会社　創成社
　　　　春日2-13-1
　　　　電　話　03（3868）3867　　ＦＡＸ　03（5802）6802
　　　　出版部　03（3868）3857　　ＦＡＸ　03（5802）6801
　　　　http://www.books-sosei.com　　振　替　00150-9-191261

定価はカバーに表示してあります。

©2007 Kenji Kondo　　　　　　　　組版：でーた工房　印刷：Ｓ・Ｄプリント
ISBN978-4-7944-3085-4 C3033　　　製本：宮製本所
Printed in Japan　　　　　　　　　　落丁・乱丁本はお取替えいたします。

――――― 経済学選書 ―――――

ファーストステップ経済数学	近藤 健児 著	1,600円
国際経済学	多和田 眞 近藤 健児 編著	2,600円
国際公共経済学 －国際公共財の理論と実際－	飯田 幸裕 大野 裕之 著 寺崎 克志	2,000円
福祉の総合政策	駒村 康平 著	2,800円
実験で学ぶ経済学	大塚 友美 著	2,600円
ボーダーレス化の政治経済学	大塚 友美 著	2,330円
日本の財政	大川 政三 大森 誠司 江川 雅司 著 池田 浩史 久保田 昭治	2,800円
財政学	小林 威 編著	3,600円
韓国の地方税－日本との比較の視点－	鞠 重鎬 著	2,000円
新生アルバニアの混乱と再生	中津 孝司 著	1,800円
経済用語の総合的研究	木村 武雄 著	2,000円
ポーランド経済－体制転換の観点から－	木村 武雄 著	3,800円
経済体制と経済政策	木村 武雄 著	2,800円
ミクロ経済学	関谷 喜三郎 著	2,500円
新版・転換期の銀行論	宮坂 恒治 著	2,400円
企業金融の経済理論	辻 幸民 著	3,500円
多変量・統計解析の基礎	岡本 眞一 著	1,800円
経済分析のための統計学入門	原田 明信 著	2,400円
公共経済学	谷口 洋志 著	3,495円
米国の電子商取引政策	谷口 洋志 著	2,800円
マクロ経済学＆日本経済	水野 勝之 著	2,500円
イギリス経済思想史	小沼 宗一 著	1,700円
世界がよくわかる経済学	小島 仁 著	2,300円

（本体価格）

――――― 創成社 ―――――